DAÏDANSO, L'HOMME ET L'ŒUVRE

DAÏDANSO,
L'HOMME ET L'ŒUVRE

Sous la direction
d'Abel Ndjerareou

Publié par LivresHippo, 2022

- Éditions clé, B.P. : 1501 Yaoundé, Cameroun.
  Email : editionscle@yahoo.fr www.editionscle.info
- Centre de Publications évangéliques (CPE), 08 B.P. : 900 Abidjan, Côte d'Ivoire.
  www.editioncpe.com
- Presses Bibliques Africaines (PBA), 03 B.P. : 345 Cotonou, Bénin.
  Email : pbaeditions@ifesworld.org http://www.editionspba.org/
- Excelsis Diffusions 385, Chemin du Clos, 26450 Chanois, France
  www.xl6.com
- Langham Publishing PO Box 296, Carlisle, Cumbria, CA3 9WZ, Royaume-Uni,
  www.langhampublishing.org
- Conseil des institutions théologiques d'Afrique francophone (CITAF), B.P. : 684 Abidjan, Côte d'Ivoire.
  www.citaf.org

Couverture : projectluz.com

Composition : To a Tee Ltd www.2at.com

Dépôt légal : N° 12269 du 05 août 2015, Edition 3e Trimestre 2015

ISBN : 978-2-35686-042-2

EAN : 9782356860422

PRÉFACE

En septembre 2014, il a plu à Dieu de rappeler à lui son serviteur René Daïdanso en sa soixante-dixième année. La phrase-formule, reprise à dessein ici, s'applique particulièrement à cet homme connu à travers le monde comme *le pasteur Daïdanso.* Pour ceux qui l'ont connu, Daïdanso a accepté cette désignation plus pour le sens du service que pour l'honneur du titre ou de la fonction.

Le livre que vous avez entre les mains porte le titre approprié, *Daïdanso, l'homme et l'œuvre.* Tout au long de sa vie Daïdanso a œuvré pour Dieu, son Évangile et son Église. Il a été serviteur de Dieu au sens le plus noble. Ce livre-témoignage doit intéresser tous ceux qui, en Afrique et ailleurs, s'intéressent, comme Daïdanso, à la qualité et à l'avenir de la foi chrétienne dans ce continent traversé par maintes mutations religieuses, sociales, économiques et politiques.

Le meilleur profit à tirer du livre est de le lire pour comprendre l'homme et être instruit de ce qu'il a vécu. C'est pour cette raison que j'évoque ici quelques souvenirs personnels. J'ai rencontré René Daïdanso Djonkamla ; c'est ainsi qu'il se présenta au milieu des années 1960, à Bobo-Dioulasso, au Burkina Faso. Il était alors étudiant à l'université de Dakar, et moi, élève au Cours Normal Protestant de Daloa en Côte d'Ivoire. De cette première rencontre, je garde un souvenir indélébile et positif, mais je ne l'ai revu qu'en janvier 1973 lors de l'Assemblée Générale de l'Association des Evangéliques d'Afrique (AEA) à Limuru au Kenya. Nous nous sommes revus plusieurs fois au cours des décennies qui ont suivi cette Assemblée Générale historique, où les décisions de créer la commission théologique et les facultés de théologie évangélique ont été prises.

Il est normal que les auteurs des chapitres de ce livre évoquent tel ou tel aspect de la vie et/ou des enseignements et prédications de Daïdanso, car durant quatre décennies de service, il a sillonné son Tchad natal, l'Afrique et le monde. De l'évangéliste, du pasteur, du conférencier, de l'ambassadeur de l'Afrique francophone dans le monde évangélique, les souvenirs sont innombrables et reviennent souvent dans les hommages qui ont été rendus à Daïdanso depuis son rappel par son Maître. Je n'en dirai pas plus ici. Pour ma part, c'est à Daïdanso, le pionnier et le théologien, que je pense le plus souvent.

En 1971, le livre intitulé *La victoire de Pâques*, de Nigel Sylvester, est publié par le Centre de Publications Evangéliques (CPE) à Abidjan, en Côte d'Ivoire. La préface est écrite par René Daïdanso Djonkamla. Les lecteurs évangéliques d'Afrique francophone de ce temps se souviennent, comme moi, de la joie de lire un théologien de chez nous, un des premiers de notre continent, diplômé de la Faculté de Théologie Evangélique de Vaux-sur-Seine, en France.

On ne le dit pas assez, Daïdanso est, avec Zokoué, un de nos pionniers en ce qui concerne la formation théologique au niveau universitaire. De ces pionniers le monde chrétien attendait beaucoup. On les voulait, l'un comme l'autre, à la fois pasteur, théologien, administrateur des églises et des œuvres, conférencier, représentant auprès des autorités politiques nationales, et aussi auteur de commentaires bibliques et de livres. Ces attentes étaient-elles réalistes ?

Toujours est-il que Daïdanso, le pionnier, a accepté les multiples tâches qui se présentaient à lui, en se sacrifiant et sans plainte. Il savait qu'il ne pouvait pas faire parfaitement tout ce qu'on attendait de lui. Daïdanso, notamment pour ce qui est de la rédaction d'ouvrages, n'a pas pu laisser aux générations futures une œuvre abondante ; sa contribution fondamentale réside dans l'efficacité de son enseignement oral. C'est dans son enseignement oral, tant dans ses messages aux pasteurs que dans ses interventions aux conférences à travers le monde, que nous découvrons Daïdanso le théologien.

Daïdanso a été théologien, non pas au sens habituel, mais selon la vision d'Evagre le Pontique (346-399). Pour ce moine du désert de Nitrie, en Egypte, la prière, *conversation de l'intelligence avec Dieu* est essentielle pour la théologie. Dans ses maximes sur la prière, Evagre le Pontique instruit : *La prière est une ascension de l'intelligence vers Dieu* (36) et *Si tu es théologien, tu prieras vraiment, et si tu pries vraiment, tu es théologien* (61).

Pour tous ceux qui ont connu René Daïdanso Ma Djongwé, ces maximes d'Evagre décrivent la passion de l'homme et de son œuvre. Que Dieu donne aux lecteurs de ce livre de devenir théologiens au sens *évagrien*.

Tiénou Tite
Doyen émérite de la Faculté de Théologie Évangélique de l'Alliance Chrétienne (FATEAC), Abidjan, Côte d'Ivoire

INTRODUCTION

Un vieux qui meurt est une bibliothèque qui brûle, dira le penseur malien Amadou Hampâté Bâ. Un dicton ajoutera qu'un homme aux cheveux blancs est un grenier de sagesse. La génération actuelle risque de perdre des richesses spirituelles et intellectuelles en brûlant la bibliothèque ou en ignorant les cheveux blancs !

René Daïdanso aurait bien voulu mettre à la disposition de la postérité ce qu'il a reçu comme richesses. Certes, il a enseigné, il a prêché, il a partagé avec d'autres ce qu'il avait de plus cher pendant plus de 40 ans de ministère en Afrique. Mais il n'a pas couché par écrit ces richesses –avait-il le temps de s'asseoir pour écrire ? N'était-il pas l'homme de la parole plutôt que l'homme de la plume ? Certes, il a écrit. Mais il aurait pu ou aurait dû écrire davantage. Alors, ses frères et ses petits frères relèvent le défi !

Relever le défi

Ses frères, ses petits frères au sens africain du terme, décident d'écrire à sa place, pour lui ! C'est un devoir délicat mais combien gratifiant. C'est délicat, pour la simple raison que les contributeurs risquent de lui faire dire ce qu'il n'a jamais dit, peut-être pour des raisons sentimentales ou émotionnelles ! Car il est facile d'utiliser un langage hyperbolique pour communiquer sa pensée, par exemple en mettant l'accent sur certaines de ses qualités, en exagérant dans la description de ses œuvres. Mais c'est gratifiant, car les contributeurs éprouvent une grande joie de parler ou d'écrire à sa place. On peut bien imaginer la joie qui inonde le cœur de celui qui prêche comme René, qui imite inconsciemment ses gestes, ses phrases-types et son accent dans un français noble et agréable à entendre.

Les petits frères de René savent que l'homme a joué plusieurs rôles. Il était connu avant tout comme évangéliste. Il exprima son amour pour le Seigneur par la proclamation de l'Évangile en toute occasion favorable ou non, et en tout lieu, le dernier effort en date étant TPC[1]. Son rêve était de *voir* toutes les ethnies tchadiennes représentées dans le Royaume. Mais il n'était pas seulement un évangéliste pour le Tchad. Il l'a été pour toute l'Afrique francophone. Peut-être n'a-t-il pas fait du porte-à-porte au Cameroun, ni de campagne d'évangélisation en Côte d'Ivoire, mais partout où il allait, il encourageait l'évangélisation et formait des évangélistes.

Le titre d'évangéliste est malheureusement réservé à celui qui n'a pas pu faire des études théologiques et qui de ce fait ne peut porter de titre ecclésiastique, comme c'est le cas dans certaines dénominations. Dans ces milieux-là, on entend souvent dire : *il n'est qu'un évangéliste.* René, quant à lui, était doté d'une formation sérieuse. Il devait être parmi les tout premiers à avoir fait des études de théologie au niveau universitaire. Il était évangéliste certes, mais aussi enseignant. Il a enseigné la Bible à différents niveaux, notamment à Doba, à N'Djamena et à Bangui. Il a la passion de transmettre aux autres ce qu'il a reçu. Des frères et petits frères en étaient passionnés et si fiers qu'ils préféraient l'appeler intimement René.

On l'appelait René

Celui qu'on appelait René était aussi appelé *Pasteur* et il le fut, mais pas au sens traditionnel et ecclésiastique du terme. Il aimait bien officier à un mariage, il aimait entonner avec sa grosse voix pastorale les cantiques que nous aimons, mais il chantait à la manière tchadienne. Savez-vous que les mélodies tchadiennes évitent les dièses et les bémols, les demi-tons comme diront les musiciens ? Les dièses et les bémols dénotent la mélancolie, disent-ils ! Il était pasteur car il avait le sens de l'écoute. René pouvait bien passer des heures à l'écoute d'une personne spirituellement ou psychologiquement en difficulté à des heures tardives. D'ailleurs, il

[1] Générique des Campagnes d'Évangélisation Systématique *Tchad pour Christ*, initiées et pilotées par René.

aimait à dire : *la nuit, c'est le jour sans soleil.* Car il pouvait être à l'écoute de quelqu'un à n'importe quelle heure du jour ou de la nuit.

René était connu et reconnu surtout comme prédicateur. Imprégné de la pensée de la Réforme, il mit au cœur de son ministère la prédication de la Parole. Je me rappelle encore l'essentiel de sa prédication au triennal des Groupes Bibliques Universitaires d'Afrique Francophone (GBUAF) à Yaoundé en juillet 1975. Il était alors l'un des orateurs principaux. Il expliquait avec clarté et autorité la péricope sur la Samaritaine dans Jean 4, surtout le verset 34 : *Ma nourriture, c'est de faire la volonté de Celui qui m'a envoyé et d'accomplir son œuvre.* Je suis tenté de dire que René a révolutionné la prédication en Afrique francophone. Les prédications des années 1960 étaient pour la plupart comme des débits de versets bibliques, très souvent extraits de leur contexte. Plus on citait des versets dans une prédication, plus on était évangélique !

Peut-on comparer René à Charles Siméon, le prédicateur marginalisé par l'église institutionnelle pendant des années avant d'être reconnu comme un grand prédicateur qui a transformé la vie de beaucoup par la prédication en Grande Bretagne ? Chaque fois que Siméon était en chaire pour prêcher, son visage rayonnait de joie, comme porteur de l'éclat de la gloire du Seigneur. Peut-on le comparer à Charles H. Spurgeon qui a écrit des centaines de pages de sermons, voire des milliers ou à Billy Graham qui pouvait réunir des dizaines de milliers de personnes à chaque campagne d'évangélisation en Amérique comme en Europe ? René n'accepterait pas de telles comparaisons. Mais il prêchait à la suite de ces hommes. Pour lui, *Praedicatio Verbi Dei est Verbum Dei,* la prédication de la Parole de Dieu est (en effet) la Parole de Dieu.

Comment pouvait-il jouer ces rôles? L'a-t-il voulu? A-t-il rêvé de devenir à la fois évangéliste, enseignant, pasteur et prédicateur? Qui le sait? Toujours est-il que dans les années 1950, comme élève au Collège Félix Eboué[2], il était repéré comme un jeune dirigeant méritant la confiance des autorités scolaires. Il organisait l'internat, représentait les élèves dans diverses instances du collège. En 1957, il créa avec trois autres frères tchadiens l'Union des Jeunes Chrétiens (UJC) qui regroupait les jeunes des grandes dénominations et de diverses régions du Tchad. Il était très fier de sa dénomination et fidèle à sa doctrine,

[2] Actuel Lycée Félix Eboué.

mais il pouvait transcender les barrières ecclésiastiques pour rendre visible l'unité spirituelle entre églises.

L'histoire dit que l'UJC du Tchad avait une grande vision missionnaire pour l'Afrique francophone. Elle aidait à la création de l'UJC centrafricaine dans les années 1960. Elle jouait un grand rôle à la création et au développement des Groupes Bibliques Universitaires (GBU) à la fin des années 1960. A l'époque, des Ujécistes dirigeaient les GBU à Brazzaville, à Lomé, à Yaoundé, à Abidjan et à Dakar. C'est dire que René était un père spirituel pour beaucoup d'universitaires en Afrique francophone. Le livre porte le titre : *Daïdanso, l'homme et l'œuvre*, mais René souhaiterait sans doute que nous parlions moins de l'homme que de l'œuvre. Car l'homme a ses qualités et ses défauts mais l'œuvre reste et nous parle mieux. Pour lui, l'œuvre c'était les vérités de Dieu communiquées, la vision transmise et la sagesse vécue. C'est avec joie mais aussi avec tremblement que les frères de René contribuent à la publication de ce livre.

Contribuant à publier un livre

Les contributeurs appartiennent à la grande famille évangélique d'Afrique francophone. Ils sont évangélistes, enseignants, pasteurs, animateurs bibliques, éducateurs à la suite de René. Ils veulent bien transmettre à la génération future ce qu'ils ont appris de lui dans ce monde où il y a de plus en plus de stars et de moins en moins de modèles. C'est bien dans ce cadre que s'inscrit ce livre : *Daïdanso, l'homme et l'œuvre.*

Au moment de la rédaction de cet ouvrage en hommage à René Daïdanso, nous avons appris qu'il est parti pour l'Eternité, à la suite de son frère Isaac Zokoué. L'un et l'autre étaient nés la même année, ils ont fait leurs études secondaires à N'Djamena à la même période. Ils étaient étudiants en théologie à Vaux-sur-Seine à la fin des années 1960. Ils ont servi le Seigneur en Afrique, chacun selon sa vocation et son charisme. Et ils sont partis pour la cité céleste le même mois de septembre et la même année 2014, à 70 ans. C'est dire qu'écrire pour René, c'est aussi écrire pour Isaac ou presque. On peut oser dire que Dieu l'aura voulu, comme faisant de l'humour dans un air sérieux.

Humour et souveraineté

L'humour fait rire, dit-on ; il fait souffrir plutôt, car sa logique est tout autre, ses actes des plus inattendus.

Dans son dessein éternel, Dieu a décidé la naissance du grand-frère et du petit-frère : l'un, le 15 mars et l'autre, le 17 septembre, la même année, 1944. Le grand-frère et le petit-frère se rencontrèrent pour la première fois à Fort Lamy[3] au collège, et pourtant l'un était du Tchad, l'autre d'Oubangui-Chari[4].

Le grand-frère alla à Vaux-sur-Seine pour apprendre de Dieu, le petit-frère le suivit. Le grand et le petit, après leurs études, décidèrent de rentrer, l'un après l'autre, en Afrique pour servir Dieu et ce, pendant plus de 40 ans, l'un à N'Djamena, à Nairobi et à N'Djamena, l'autre à Bangui, à Abidjan et à Bangui. Et ils se voyaient régulièrement à travers toute l'Afrique, l'Afrique francophone étant devenue leur paroisse commune.

Et puis… le grand-frère pouvait partir pour l'Eternité depuis quelque temps, disait-on, mais il attendait le petit-frère. Et par courtoisie ou plutôt par amour, le grand-frère laissa le petit-frère le précéder, de quinze jours exactement ! L'un était en effet parti le 12 septembre et l'autre le 27 septembre, la même année, 2014.

Là-bas, le grand-frère ne prêchera plus, ni le petit-frère n'enseignera. Mais les deux, main dans la main, cette fois-ci comme des jumeaux, loueront le Seigneur des seigneurs, le Roi des rois *Alléluia*, en attendant les autres, … nous autres, leurs petits petits-frères.

Qui aurait pu croire que René Daïdanso et Isaac Zokoué auraient une histoire commune à ce point ? C'est l'humour de Dieu, dans une toute autre logique et avec des actes inattendus, un humour qui fait souffrir… dans l'espérance.

Andriatsimialomananarivo Solomon
Professeur de Théologie Systématique à la FATEAC
Coordonnateur de Projets de Littérature à Langham Partnerhip, Afrique Francophone
Secrétaire Régional des GBUAF (1980-1995)

[3] La capitale du Tchad rebaptisée N'Djamena.

[4] Actuelle République Centrafricaine.

QUAND L'HOMME FUT *RE-NÉ*

Il était pragmatique, René. Cet aspect de sa vie m'a marqué en tant que jeune. Il m'avait fait comprendre pratiquement qu'il n'est pas bien de se résigner devant le premier obstacle, et cela n'est pas valable seulement pour la vie spirituelle. Nombreux sont ceux qui lui ont sans cesse demandé d'écrire, afin de laisser des traces pour les générations futures. Je fais partie de ceux qui l'interpelaient dans ce domaine précis de l'écriture. Et comme il en avait l'habitude, il m'avait demandé d'écrire moi-même, et lui, allait me donner de la matière, notamment en répondant à mes questions. *Impossible* était très rare dans le vocabulaire de René. *On va essayer ensemble*, aimait-il dire.

Je vais parler d'un aspect de sa vie : l'homme saisi par le Seigneur n'avait qu'un seul programme à réaliser, celui de son Maître, qu'il pleuve ou qu'il neige. On peut observer cela dans le processus de sa vocation et son militantisme au sein des mouvements de jeunesse. En écrivant ces quelques lignes qui relatent ce que papa René nous a confié il y a plus de seize ans[5], je confesse ma paresse pour n'avoir pas maintenu la flamme de collecte d'information pour réaliser, depuis ces longues années, le projet d'écriture dont j'ai parlé avec lui en son temps. Cela confirme l'adage qui dit : *Quand on voit la chèvre broyer les grains de coton, on pense que ce n'est pas dur.* Comme il faut bien s'y attendre, un point de départ est assurément révélateur.

[5] Lors de l'interview accordée par le pasteur René DAÏDANSO, le 17 mai 1998 à N'Djamena, entre 16h et 17h.

Le point de départ révélateur

Le point de départ de la rencontre avec René, c'est naturellement l'Union des Jeunes Chrétiens (UJC). Alors que j'étais Secrétaire de Rédaction du Journal Espoir[6], il fallait chercher à arracher une interview avec lui, non pas pour écrire un article de journal comme l'on devait s'y attendre, mais pour un projet de livre sur l'histoire de l'UJC. Avec le Rédacteur en Chef du Journal, M. Mbailassem Ben Boykass, nous avons interpellé le papa René pour lui demander d'écrire sur les annales de l'UJC. Et l'homme de nous répondre : *Trouvez un temps pour me poser des questions, je vais répondre et vous allez écrire vous-mêmes l'histoire de l'UJC ; quant à moi, les gens m'attendent pour aller prêcher, je n'aurais pas le temps nécessaire pour m'asseoir et écrire.*

Nous étions à N'Djamena. Ensemble nous avions cherché à loger ce rendez-vous dans son agenda, mais les rares possibilités que l'on pouvait avoir, c'était soit à l'aéroport ou dans la voiture en déplacement. Il nous disait encore : *Il est vrai que je suis tout le temps dans les voyages, mais si vous apprenez que je suis au Tchad, vous pouvez sacrifier votre sommeil et venir telle date, entre 23h de la nuit et 5h du matin me voir et nous pouvons avoir cet entretien. La nuit, c'est un jour sans soleil, rien n'empêche de travailler.* C'est ainsi que, dans la cour de son domicile à Moursal, un quartier de N'Djamena, ce jour 17 mai 1998, nous avions pu lui arracher une demi-heure qui nous a permis de lui tendre le micro et de recueillir quelques brèves informations sur *quand est-ce qu'il était né et re-né*[7] *et comment avait-il participé à la création de l'UJC, sa vocation, sa vision et ses défis.*

En voici un extrait :

La naissance et la nouvelle naissance

Je suis né le 15 mars 1944. Mon père est un forgeron de religion traditionnelle africaine. En tant que deuxième enfant et premier garçon de la famille, je devais diriger les sacrifices. Un évangéliste luthérien est

[6] Trimestriel de l'Union des Jeunes Chrétiens (UJC) du Tchad.

[7] Il aimait utiliser son prénom René comme découlant de sa nouvelle naissance.

passé dans le village. C'était en octobre 1953. Octobre, c'était la fête des poulets chez les Tupuri[8]. Un chrétien ne devrait pas manger la viande de sacrifice, alors j'ai jugé inutile de prendre la décision de donner ma vie à Jésus. En 1950, je fus inscrit à la première école qui fut construite dans notre village avec la participation du chef. Il y avait 70 élèves. Le premier maître était M. Kono Philippe de Sarh. En 1954, je suis allé à Fianga pour le cours moyen première année (CM1). Là, un chrétien me conduisit à l'église. Je partais à l'église, je chantais beaucoup à l'église sans être converti. Le chef de canton avait même interdit l'évangélisation. A propos de l'initiation, mon père a dit que, puisque moi je vais à l'église, je peux aller ou ne pas aller à l'initiation. Admis au concours d'entrée en 6ème, je devais quitter le village en octobre 1956 pour le collège à Fort-Lamy[9]. C'est là-bas que le Seigneur va me saisir.

Le 31 décembre 1956, le Papa Otman Ndakiran prêcha lors du culte d'actions de grâces. A minuit moins le quart, il a lancé cet appel à l'auditoire : *Si 1957 était l'arrivée de Jésus, qui irait au ciel ?* Frappé par cet appel, je me suis converti. Je me suis alors joint aux ainés Gambaye Enoch et autres pour créer l'UJC. Ce mouvement était un point de rencontre des dénominations. On pouvait y trouver Mbaitoloum Jean de l'Eglise Evangélique du Tchad (EET) venu d'Abéché, Guelkodjingar Daniel des Baptistes de Sarh, Mbainodjiel de Bongor… Par nos jeûnes et prières, l'UJC a été reconnue officiellement par les autorités tchadiennes en 1963, et le premier Comité Central était composé de : Romba Elie (Président), Matchoké Tite (Secrétaire), Wamoki (Trésorier). Moi, j'étais entré au bureau plus tard. Dans le tout début au collège, on se réveillait à 4h du matin pour prier. Et comme le jeudi était un quartier libre, j'y rassemblais les gens pour leur prêcher la Bonne Nouvelle et le proviseur Dasser m'a surnommé *La voix qui crie dans le désert.* En 1968, j'ai fait ce plan : L'UJC doit être pour le niveau secondaire et le Groupe Biblique Universitaire (GBU) pour le niveau universitaire.

En 1964, j'étais marqué par l'UJC au congrès de Sarh. Au Comité Central, il y avait Facho Balaam (Président), Moussanang Gabriel (Secrétaire) et Daïdanso René (Trésorier). L'UJC avait des difficultés dans les relations avec les églises. Et la résolution à ce congrès était

[8] Groupe ethnique d'appartenance de René.

[9] L'actuelle N'Djamena.

que pendant les vacances, tout Ujéciste devait se mettre au service des parents dans les travaux manuels et au service de l'église locale dans l'évangélisation ; cela a amélioré les relations UJC-églises.

En 1959, j'étais en 4ème, et quelqu'un a prêché et a terminé sa prédication ainsi : *La moisson est grande, mais il y a peu d'ouvriers. Priez donc le Maître de la moisson d'envoyer des ouvriers dans sa moisson.* Après le culte, je priais avec les autres et arrivé sur *envoie*, j'étais bloqué. C'était le point de départ de l'appel de Dieu pour le service.

La vocation pour le service

La même année, le professeur a demandé aux élèves d'écrire sur leur futur métier. J'ai tenté de choisir d'être instituteur ou médecin, mais je me suis rendu compte après une demi-page que je mentais. J'avais voulu écrire que je serai pasteur, mais mon ami m'a dit que je risquais d'avoir zéro. J'ai prié, ensuite j'ai tout de même écrit que je serai pasteur, et curieusement j'ai obtenu la deuxième meilleure note de la classe. Je voulais tout de suite aller aux études, l'Église me dit qu'il n'y a pas d'argent ! Le Bureau Politique National (BPN) voulait m'obliger à accepter une bourse pour aller faire la médecine. Le proviseur Osnak et autres Bernard Dikwa Garandi luttaient. Comme j'avais un baccalauréat en philosophie, je suis allé tout de même à Dakar pour faire les Lettres Classiques avec une bourse de 30.000 FCFA octroyée par l'Etat. J'ai fait des économies à partir de cette bourse. Le 28 septembre 1966, j'ai écrit au Président de la République pour renoncer aux Lettres Classiques et faire la Théologie. Il m'a écrit le 10 octobre 1966 pour me dire ceci : *Bon, je regrette car l'Etat est laïc et nous ne pouvons pas te donner une bourse pour les études religieuses, mais je te souhaite bon courage.*

Le 18 octobre 1966, j'ai quitté Dakar pour l'Université de Vaux-Sur-Seine où j'ai terminé les études en 1970. Les Églises de N'Djamena ont organisé une collecte pour me soutenir. Deutéronome 18.13 était une réponse à ma prière, comme une deuxième confirmation de mon appel. J'ai signé un contrat avec Dieu sur deux points :

1) Que les parents ne manquent pas de soutien ;
2) Que la famille ne manque pas de pain.

Et cela marche. Même au retour des études, le proviseur Osnak et Dikwa voulaient m'entrainer dans l'enseignement mais en vain. J'ai été consacré au ministère pastoral le 17 décembre 1970. Je suis pasteur mais j'aime être enseignant. En février 1971, l'Assemblée Générale des Assemblées Chrétiennes au Tchad (ACT), tenue à Moïssala voulait faire de moi le Secrétaire Général. J'avais essayé de refuser sous prétexte que j'étais théologien et non administrateur mais mon argument n'avait pas tenu la route.

En 1972, j'ai fait adopter la Jeunesse Evangélique Africaine (JEA) dans les ACT, mais avec la malheureuse expérience de certains jeunes dans l'ACT rue Dolisie, les ACT ont fermé les portes pour toujours à la JEA et c'est l'école du dimanche qui y évolue.

En septembre 1984, j'étais nommé Secrétaire Général de l'Association des Evangéliques en Afrique (AEA), puis aux postes d'aumônier du personnel, de responsable du département de formation des disciples (dans plus de 40 pays), ministère que j'ai exercé jusqu'en 1993. Et à partir de 1993, j'étais devenu Secrétaire Général Adjoint de l'AEA avec résidence au Tchad où l'Église a affaire à trois défis essentiels.

Les défis essentiels de l'Église

- Le premier défi de l'Église au Tchad, c'est l'unité.

- Le deuxième défi, c'est la définition de l'Église. Qu'est-ce qu'une église par rapport aux sectes ? A propos des sectes, si j'ai un conseil, c'est que les idées sont comme des clous ; plus vous tapez dessus, plus ça s'enfonce. Le seul remède contre les sectes, c'est l'enseignement biblique pour l'affermissement des chrétiens. Si les chrétiens sont fondés, les sectes n'y feront rien.

- Le troisième défi, c'est l'évangélisation. L'Église s'est sclérosée. On insiste plus sur le développement. Il faut arriver à maintenir l'équilibre entre le social et le spirituel. C'est pourquoi la vision de la campagne d'évangélisation systématique du Tchad est la bienvenue.

La vision de TPC[10]

En effet, l'idée était venue au départ d'un ancien de l'ACT Moursal en 1992 pour l'évangélisation des Tupuri de Fianga. Il fallait étendre le programme et donc le placer sous le couvert de l'Entente des Eglises et Missions Evangéliques au Tchad (EEMET). J'ai été alors proposé président de TPC, parce qu'on a besoin d'un nom qui est connu, de quelqu'un de pragmatique.

Le pragmatisme frappant

René ne reculait pratiquement pas devant un obstacle, surtout lorsqu'il était question de travailler à la réalisation d'un programme qu'il savait requérir la volonté de Dieu. Je note cela dans la gestion de son temps et de sa disponibilité. Son temps était pour le service du Seigneur, quelquefois au détriment de sa santé physique. C'est ainsi qu'il pouvait minimiser la division naturelle et habituelle du temps en jour et nuit. Il pouvait vous réveiller à 2 heures du matin pour une réunion de travail si vous étiez dans son programme, et vous deviez apprendre à manger avec lui tout repas disponible si vous étiez dans son groupe de travail ou de voyage. Pour lui, la nuit c'est simplement un jour sans soleil, donc il n'était pas question d'arrêter un travail parce que la nuit est tombée. Il pouvait dormir lorsque c'était nécessaire et non parce qu'il faisait nuit. Il mangeait lorsqu'il avait faim et que le repas était disponible, peu importait l'heure. Là où cette attitude était la plus frappante, c'était dans la conduite du programme de TPC.

Lors des entretiens libres, on lui posait des questions sur le doctorat et il s'empressait de faire cette réplique : *Cette question préoccupe aussi mes collègues. Ils m'ont dit une fois ceci : René, puisque tu nous regroupes, nous les docteurs, pour enseigner de façon aussi impeccable ; viens juste pour quelques temps pour les études doctorales, et nous allons te donner le doctorat. Mais voici la réponse que je leur donne : Si vous me dites que j'ai trop de lacunes quand j'enseigne, j'irai m'asseoir pour étudier comme vous le voulez; mais vous dites que je suis impeccable, pour quelles raisons*

[10] Terme générique des Campagnes d'Évangélisation Systématiques *Tchad pour Christ*.

je dois aller m'asseoir pour perdre le temps de ministère à la recherche du doctorat ? Et les débats étaient souvent clos à ce niveau. *J'ai des problèmes avec les titres ronflants et les diplômes. Ma préoccupation, c'est le ministère. Le reste n'est pas nécessaire*, aimait-il dire.

Pour lui, si l'on est théologien, cette théologie doit se traduire dans un vocabulaire accessible aux vieux parents qui sont au village, elle doit être simple, afin d'être comprise par le commun du peuple. C'est ça la meilleure théologie. René ne ratait pas l'occasion d'interpeller ses collègues théologiens sur cet aspect précis. Il était revenu largement sur cette interpellation lors de son enseignement à l'Assemblée Générale du Conseil des Institutions Théologiques d'Afrique Francophone (CITAF):

> *Tu es théologien et tu manipules facilement les termes théologiques compliqués. Cependant, ton père qui n'est jamais allé à l'école, comment vas-tu te prendre pour lui expliquer tous ces termes compliqués que tu as appris en faculté? Quelquefois c'est pénible d'écouter les premières prédications des étudiants qui sortent d'une école de théologie. Surtout quand leur professeur est dans la communauté, ils prêchent à leur professeur et non pas au commun du peuple qui est dans la communauté*[11].

La préoccupation du Papa René était unique : les théologiens sont obligatoirement appelés à se simplifier pour être aussi pragmatiques.

Sa disponibilité était une bénédiction pour les jeunes chrétiens. Lorsqu'il était orateur à une rencontre, le temps qu'il mettait pour enseigner n'était que le dixième du temps réel qu'il passait pour répondre aux questions de tous ordres des jeunes qui pouvaient l'entourer quelquefois toute la nuit. A titre d'exemple, au 29ème congrès triennal de l'UJC, tenu du 26 au 31 décembre 2008 à Moundou, sur une chaise, entouré d'une dizaine de jeunes qui s'abreuvaient de sa sagesse[12], il ne devait se lever que lorsque le soleil s'était levé, et se mettre en route pour aller répondre à une autre invitation relative à l'enseignement. Il n'y avait pas de rendez-vous préalable à négocier avant de le rencontrer pour un temps de partage, d'accompagnement pastoral, lors des grandes rencontres.

---

[11] Extrait du message donné lors de l'Assemblée Générale du Conseil des Institutions Théologiques d'Afrique Francophone (CITAF), 03 août 2010, Ouagadougou, Burkina Faso.

[12] Du genre "autour du feu".

En bref, la leçon que je retiens du ministère de ce serviteur de Dieu, c'est le don de soi, un sacrifice qui ne se préoccupe pas inutilement du paraître pour le simple plaisir de paraître, mais du comment agir de manière à avoir un impact sur ceux qui nous écoutent ou nous entourent, et plaire à celui qui nous a enrôlé, peu importe les circonstances, pourvu que le noble objectif soit atteint.

Gadmadji Daniel
Etudiant à la Faculté de Théologie Évangélique de l'Alliance Chrétienne (FATEAC), Abidjan (Côte d'Ivoire)
Secrétaire de Rédaction du Journal Espoir de l'UJC du Tchad (1993-1997)

L'EXPOSITEUR DE LA BIBLE

Le privilège d'avoir collaboré avec le pasteur Daïdanso lors de plusieurs rencontres, m'a donné l'occasion d'apprécier son talent d'*expositeur* de la Parole[13]. Ce titre est davantage la transcription de l'anglais *Bible Expository* qui a une plus longue tradition que le mot français qui n'est pas ou peu utilisé. Nos frères anglophones –je pense à Gottfried Osei Mensah du Ghana- rompus à ce genre oratoire étaient, à l'époque, rarement égalés par les orateurs francophones. René Daïdanso constitue une exception qui pourrait faire école.

En quoi consiste l'art de l'exposition biblique que le Pasteur Daïdanso a privilégié au cours de son ministère ? Je voudrais le voir fleurir dans le monde francophone en général, et en Afrique en particulier.

L'art de l'exposition biblique

Il consiste d'abord en une observation attentive du texte, non pas dans l'intention de faire preuve d'érudition ou d'originalité, mais en vue de l'actualiser, c'est-à-dire de permettre aux auditeurs du temps et du lieu où il est exposé de le mettre en pratique. L'expositeur biblique est animé en même temps d'un grand respect pour le texte biblique, en particulier pour retrouver le sens qu'il avait pour ses premiers destinataires, et d'un profond sens pastoral : l'orateur doit avoir une connaissance approfondie des besoins de ses auditeurs.

C'est ainsi que, du temps de Néhémie, le gouverneur et d'Esdras, le sacrificateur-scribe, *Josué, Bani, Chérébia, Yamîn, Aqqoub, Chabbethaï, Hodiya, Maaséya, Qelitha, Azaria, Yozabad, Hanân, Pelaya et les Lévites,*

[13] Le mot « expositeur » est un néologisme qui s'impose à nous et qui désigne celui qui explique oralement une péricope, avec autorité et puissance.

faisaient comprendre la loi au peuple, et le peuple restait debout. Ils lisaient distinctement dans le livre de la loi de Dieu et ils en donnaient le sens pour faire comprendre ce qu'ils avaient lu (Néh 8.8 ; La Colombe).

Faisant route avec les deux disciples qui se rendaient à Emmaüs et qui s'entretenaient de sa mort et de sa résurrection, Jésus prit la parole, *et, commençant par Moïse et par tous les prophètes, il leur expliqua dans toutes les Écritures ce qui le concernait* (Luc 24.27 ; La Colombe).

Pour Lane, ces passages bibliques cités ci-haut donnent une meilleure compréhension de la véritable nature de l'exposé biblique (textuel). Il en parle plutôt en termes de *prédication-exposition*, en tant que cela indique *l'action par laquelle le prédicateur (l'exposant ou l'expositeur) explique et met à la lumière ce que dit le texte biblique et l'applique à la situation de ses auditeurs avec une certaine force*[14].

Les scribes (Néhémie 8), fait-il remarquer, ne se contentaient pas seulement de leur faire comprendre les mots. Ils devaient appliquer le passage en question à eux-mêmes, à leur époque et à leurs circonstances particulières. Alors seulement, le peuple pouvait partir, la parole de Dieu dans son esprit, et capable ainsi de la mettre en pratique[15].

L'exposé biblique de l'Écriture consiste en ce processus par lequel la signification d'un passage particulier de la Bible est expliquée par rapport aux besoins et aux circonstances des auditeurs afin que chacun comprenne les exigences de Dieu à son égard. Une partie essentielle de l'exposé biblique doit donc consister à tirer des parallèles entre les circonstances propres au passage et celles du moment présent. Ainsi, les principes immuables de la Parole peuvent être interprétés à la lumière des besoins actuels[16].

D'après Tim Thorburn, Secrétaire des Groupes Bibliques Universitaires (GBU) d'Australie, l'exposé biblique consiste à *expliquer et (à) mettre en application un passage biblique (ex : Jea. 4.1-42 ; Luc 7.11-17, etc.), (ou à) étudier et à expliquer un livre de la Bible (ou une portion du livre) en plusieurs séances sur une période donnée (ex : Enseigner le livre de Colossiens, section par section, durant environ 6 ou 7 séances). Cette méthodologie est différente de l'enseignement biblique thématique où*

---

[14] D. LANE, *Prêche la parole*, Europresse, 1989, p. 29, note de bas de page.

[15] Op. Cit., p. 25.

[16] Op. Cit., p. 25.

l'enseignant peut choisir un thème ou un sujet (par exemple sur l'amour ou sur la résurrection de Jésus) et essayer de l'expliquer à partir de la Bible, c'est-à-dire illustrer ce thème par des versets bibliques[17].

Dans Actes 18.24-28, Apollos a probablement eu le bénéfice de l'exposé biblique à l'école de Priscille et Aquilas à Éphèse, car *après l'avoir entendu, (ils) le prirent avec eux et lui exposèrent plus exactement la voie de Dieu* (verset 26). Alors, celui qui ne connaissait que le Jésus historique saisit et intégra à sa vie la réalité du Christ pascal. La preuve est qu'à son arrivée en Achaïe, lui qui *annonçait et enseignait avec exactitude ce qui concernait Jésus, tout en ne connaissant que le baptême Jean* (verset 25), *réfutait avec vigueur les Juifs en public et démontrait par les Écritures que Jésus est le Christ* (verset 28).

En paraphrasant le Dr Ramesh Richard, le Dr Abel Ndjerareou dit d'un exposé biblique, qu'il *expose la Bible à l'auditoire et l'auditoire à la Bible. Il explique et développe le sens du texte biblique dans son contexte et tire la vérité centrale aussi bien pour l'auditoire du temps de l'auteur que pour l'auditoire contemporain. Cet auditoire est interpellé à répondre*[18] –à Dieu.

L'exercice demande du temps. L'expositeur doit s'être imprégné du texte au point d'en être habité. Ainsi que l'atteste l'apôtre Paul : *Que la parole du Christ habite en vous avec toute sa richesse, instruisez-vous et avertissez-vous réciproquement, en toute sagesse*... (Col 3.16 ; La Colombe). C'est donc avec passion qu'il délivre le message qu'il transmet de la part de l'auteur biblique, en tant qu'expositeur de la Bible.

L'expositeur de la Bible

Devenir expositeur de la Bible nécessite une sérieuse formation théologique et le pasteur Daïdanso ne fait pas exception à cette exigence. Cependant, même cette formation n'explique pas ce supplément d'art qui consiste à exposer la Parole avec l'autorité dont a fait preuve John

---

[17] T. THORBURN, *Exposé biblique*, Polycopié d'une communication faite à l'Assemblée mondiale de l'IFES en 2003 à de Bron, aux Pays Bas, Traduction libre de Juliette EZOUA.

[18] P. et A. NDJERAREOU, *Sur les traces des chrétiens de Bérée, Exposé biblique : Théorie et pratique*, 2003, p. 2.

Stott pour ne citer qu'un des plus connus. C'est que ces porte-parole se sont nourris de la manne biblique dès qu'ils ont été en âge de la lire. Pour eux, la lecture quotidienne et suivie des Écritures, grâce aux guides de lecture de la Ligue pour la Lecture de la Bible, a constitué un chemin initiatique. Tout jeune lycéen encore, les membres de l'Union des Jeunes Chrétiens (UJC) du Tchad avaient pris l'habitude de s'interpeller en s'interrogeant sur le passage du jour. Le pasteur Daïdanso excellait à ce jeu auquel il s'est quelquefois référé lorsque l'occasion d'exhorter à la lecture de la Bible lui a été donnée. On ne dira jamais assez la valeur de cette lecture quotidienne de la Bible et l'importance de s'y mettre alors que la mémoire a encore toute la vigueur de la prime jeunesse. Le pasteur Daïdanso est un exemple de cette piété fertile et vigoureuse.

L'étude que je présente ici n'est pas le résultat d'un choix, mais un document rescapé de ma sonothèque ! Il correspond bien aux caractéristiques de l'*Expository Preaching* dans lequel le pasteur René Daïdanso excelle. Pourtant, un peu comme ces précieux écrits retrouvés par les archéologues, il s'agit plus d'un échantillon que d'un exemple complet. Ce texte a été saisi à partir de la bande son d'un reportage audio-visuel rendant compte de la consultation d'Abidjan 1980[19]. Pour satisfaire aux exigences d'un reportage, l'étude avait dû subir des coupures. N'ayant pas retrouvé l'original, c'est donc un message allégé que je livre aux lecteurs.

Plus de trente ans après, ce message n'a pas pris une ride ! Devrais-je affirmer qu'il est plus actuel que jamais ? C'est aux lecteurs à qui je propose le présent échantillon de le dire.

L'échantillon d'une exposition biblique

Néhémie se trouve loin de son pays, de la ville de Jérusalem. Et là, il reçoit la visite de ses frères et demande des renseignements. Je crois que les questions que nous nous sommes déjà posés depuis notre arrivée à cette rencontre, nous replace déjà dans le contexte de Néhémie. Nous nous sommes posé des questions, nous avons reçu des réponses.

[19] Le reportage est accessible sur YouTube en tapant Consultation Abidjan 1980, voir aussi **Levons-nous et bâtissons**, la brochure qui rassemble les résultats de cette consultation de responsables d'Églises d'Afrique francophone.

Quand Néhémie a reçu la réponse d'Hananie et de ses quelques autres frères, il y avait quelque chose qui s'était passé en lui. Il s'est assis. Ensuite, il a pleuré. Ensuite, durant plusieurs jours, il fut dans le deuil, dans la désolation. Pleurer ! Peut-être que les nouvelles que nous avons reçu n'ont pas fait pleurer quelqu'un parmi nous. Je ne sais pas si, en tant que responsable, responsable d'Église ou responsable d'une œuvre, vous avez déjà pleuré ? Quand avez-vous pleurez la dernière fois ? Et je n'entends pas des mines de pleurs, mais réellement pleurer. Cela fait combien de temps ? Peut-être un jour, une semaine ? Des mois ? Des années ? Peut-être jamais de votre ministère vous n'avez pleuré. Je pense qu'il y a une place pour les larmes dans notre ministère. En tout cas, l'apôtre Paul dit avoir accompli son ministère dans les larmes.

Si nous regardons derrière nous, si plein de choses ne se sont pas faites dans le passé, c'est que nous y sommes pour quelque chose. Alors, le chemin du démarrage ou du redémarrage passe par l'humiliation. Néhémie n'est pas seulement un responsable, mais il est un homme de vision. Ce qu'il a entendu de ses frères, ce qu'il est allé voir sur place dans Jérusalem, il transforme tout cela en vision et c'est cette vision qu'il a lui même, qu'il va communiquer à ses frères qui sont sur place. Les lieux de nos travaux se trouvent dans nos Églises. Mais ici, nous sommes sur le champ des difficultés déposées devant nous, sous nos regards. La difficulté de la réflexion ensemble, c'est d'accepter de se remettre en cause dans son ministère, jusqu'aujourd'hui. Pour prendre peut-être un autre point de départ, fondé sur de nouvelles résolutions. Pour y arriver, on peut avoir besoin de partir d'un constat.

Le tout part d'un constat

Voyez dans quel état nous sommes. Avons-nous des yeux pour voir dans quel état nous sommes ? Ouvrons-nous suffisamment les yeux pour voir ? Si Néhémie a pu parler ainsi, c'est qu'il a ouvert les yeux. Nous, responsables d'Églises d'Afrique francophone, est-ce que nous ouvrons suffisamment les yeux pour voir non pas seulement notre intérêt ni l'intérêt de notre Église locale, mais l'intérêt de l'œuvre de Dieu en Afrique francophone ? Quelles sont ses souffrances ? Quelles sont ses difficultés ? Donc un constat : Jérusalem est détruite. Ses portes sont consumées par le feu. Et vous savez qu'en ces temps-là, la muraille d'une ville constituait sa force ; et une ville sans muraille, c'est une ville exposée à toutes les humiliations possibles. Sommes-nous entourés de muraille ? Ne sommes-nous pas souvent trouvés dans la désolation de ne pouvoir accomplir quelque chose, parce que les moyens nous manquent. Ne sommes-nous pas trouvés quelquefois et souvent dans le besoin de faire venir un frère pour une campagne d'évangélisation mais l'argent manque ? Que d'une voix nous puissions dire : Levons-nous et bâtissons ! Mais vous savez que se lever et bâtir, c'est exigeant... Parce que désormais, il faut que chacun fasse réserve de suffisamment de force et quand nous serons debout, il nous faudra encore peut-être davantage de force pour prendre la brique. Notre brique que nous emmènerons peut-être du Zaïre[20] et de la Haute-Volta[21], comme matériau de construction.

Les matériaux de construction

Pour bâtir, il faut également avoir les matériaux. Et quels sont nos matériaux ? Ressources humaines. Ressources matérielles. Quels sont nos ressources matérielles ? Mais ce que je constate en tout cas, c'est que quand on veut bâtir une maison en un endroit précis, on ne laisse pas les matériaux à distance. Les matériaux sont rassemblés au lieu où la construction doit avoir lieu. Donc, suffisamment de force pour rassembler nos matériaux. Suffisamment de temps pour rassembler nos matériaux. Suffisamment de désintéressement pour mettre en commun nos matériaux. Il n'y a pas que le rassemblement des matériaux, les plus belles briques du monde réunies en tas quelque part ne font pas une maison. Et je dirais que c'est un peu ce qui se passe à notre niveau, en Afrique francophone. Il me semble que Dieu a quand même placé en Afrique francophone quelques belles briques. Des briques capables de monter un mur. Mais ces briques se trouvent éparpillées ; je ne parle pas seulement du point de vue géographique. Et quand bien même ces briques se trouveraient rassemblées, comme nous le sommes ce soir, elles sont en tas mais pas construites. Il faut donc exécuter l'ouvrage. Et

[20] Actuelle République Démocratique du Congo.

[21] Connue aujourd'hui sous le nom de Burkina Faso.

cela exige que l'on se lève comme un seul homme, que l'on travaille en équipe.

Le travail d'équipe

Le chapitre trois de Néhémie est vraiment quelque chose que nous devrons lire. Ce qui me frappe dans ce chapitre, c'est seulement trois expressions : d'abord « AVEC », ensuite « À CÔTÉ DE », et enfin « APRÈS LUI » ou « APRÈS EUX ». Nous constatons une chose, c'est que nous ne savons pas travailler avec, nous se savons pas travailler à côté de, nous ne savons pas travailler après quelqu'un d'autre. Et dans ce chapitre trois, vous verrez que «AVEC» revient au moins deux fois. A CÔTÉ DE revient au moins quinze fois, «APRÈS LUI» ou «APRÈS EUX» revient au moins seize fois. Et je pense que c'est un des secrets du point de vue humain de la réussite du travail que Néhémie et le peuple ont entrepris. Parce qu'ils savent se donner la main : travailler avec. Ils savent se conjuguer. Et les responsables se mettent au devant de la scène.

Les responsables au devant de la scène

Il y a aussi quelque chose d'intéressant dans les noms des gens qui sont mentionnés. Le premier nom est celui du souverain sacrificateur. Celui qui vient après, c'est le sacrificateur. Si je réfléchis bien, les responsables sont devant. Et dans bien des cas, les projets, les choses que nous voulons entreprendre au niveau des Églises en Afrique francophone échouent, non pas parce que les chrétiens ne le veulent pas, mais c'est parce que les responsables ne le veulent pas. Ils font obstacles au travail à faire.

Les obstacles dans le travail

Dans le travail, nous devons aussi penser aux obstacles. Et Néhémie en a rencontré ! Il y a eu deux hommes : Sambalat et Tobija qui ne cachent pas leur mécontentement devant le fait qu'un homme soit venu pour chercher le bien des fils d'Israël. L'ennemi des âmes, je nomme le diable, depuis qu'il est au courant que notre rencontre stratégique va avoir lieu a pris très mal qu'il y ait, non pas un homme mais un groupe d'hommes, tous engagés derrière Jésus-Christ, comme nous le sommes, un groupe d'hommes...qui veut le bien de l'Afrique francophone.

Maire Charles-Daniel
25 ans de ministère en Afrique dont
15 ans comme Coordonnateur de la Ligue pour la Lecture de la Bible
Auteur de plusieurs livres dont *Connaître Dieu pour mieux le servir*
(CPE, Abidjan)

COMME UN VASE FAÇONNÉ

Au moment de parler de ce que René, l'enseignant de la Parole, nous a laissé comme héritage inépuisable, sans aucune intention de faire une étude comparée, ma pensée fait digression sur ce sage Malien du XXe siècle qui a dit : *En Afrique, quand un vieillard meurt, c'est une bibliothèque qui brûle,* j'ai nommé Amadou Hampâté Bâ[22], (Bandiagara 1901, Abidjan 1991). Sur une vingtaine de livres qui portent le nom d'Amadou Hampâté Bâ, au moins quatorze (14) ont été édités après la mort de l'auteur. On peut le faire autant pour René avec cette allure et cette volonté.

> Hampâté Bâ a consacré sa vie à sauver de l'oubli les trésors de la tradition orale du monde peul. Son œuvre écrite est considérable, son activité inlassable ; d'importantes responsabilités lui ont été confiées dans l'administration, dans la diplomatie de son pays, à l'UNESCO. Il est pour l'Afrique noire le gardien de la mémoire, de la tradition orale qu'il a bien souvent couchée sur papier et est devenu, de ce fait, le défenseur vigilant d'une civilisation si longtemps méconnue[23].

A la suite du sage Malien, René a laissé un impact certain sur son milieu, et l'assertion du sage Malien lance un défi constant à l'élite intellectuelle africaine du XXe siècle, et interpelle celle du XXIe siècle à qui l'on est en droit de demander beaucoup. Qu'est-ce qui, de René, nous reste de plus cher après son départ pour le repos éternel ? René se repose, mais la bibliothèque a-t-elle vraiment brûlé alors même que le vase a été façonné ? En effet, au même moment où les enseignements de René

---

[22] (https://www.google.com/webhp?sourceid=chrome-instant&ion=1&espv=2&ie=UTF-8#q=amadou%20hampate%20ba, site consulté le 23 janvier 2015 à 9h30).

[23] Ibid.

tombaient dans des oreilles exercées des milliers de disciples à travers l'Afrique et, de temps à autre, à travers le monde, ces enseignements ont aussi fait bouger des mains habiles. Et les traces des enseignements du vieux de Lallé sont partout, il suffira alors de les rassembler, les éditer et les publier. Ainsi, René continuera d'enseigner *exactement* comme il aimait le faire. Ici, je veux faire un survol commenté du support de l'un des enseignements donné par René à l'une des nombreuses rencontres sous le thème : *Un vase utile au Maître, l'étude de II Timothée.*

L'étude est présentée sous cinq (5) chapitres principaux correspondant à un découpage précis de l'épitre : Introduction ; La préparation du responsable ; Le Modèle du responsable ; Les principes du responsable ; Le Programme du responsable ; Requêtes personnelles et salutations ; Préparation à la relève. Je vais seulement m'intéresser à deux chapitres : Le modèle du responsable (2 Tim. 2.1-26) et le Programme du responsable (2 Tim. 4.1-5), pour faire ressortir quelques pensées incarnées par l'auteur.

Un vase utile au Maître est un ouvrage de 46 pages, édité en 1999 comme support de cours par l'Association des Evangéliques en Afrique (AEA), Nairobi, 1999. Dr Elie A. Buconyori alors Secrétaire Exécutif de la Commission Théologique et d'Education Chrétienne de l'AEA, à propos de cet ouvrage dit ceci :

> ... En tant que Pasteur expérimenté, le Rév. Daidanso cherche à encourager les jeunes dirigeants des églises en général et les dirigeants des jeunes en particulier. Son souci particulier pour tous ceux qui lisent et étudient ce livre est qu'ils puissent devenir des vases utiles à Jésus-Christ, le Maitre [...]. Les formateurs et faiseurs des disciples trouveront en ce petit ouvrage *un excellent outil.* Toute personne soucieuse de développement du leadership chrétien est encouragée à étudier ce livre[24].

C'est bien avec cet objectif à l'esprit et ce souci au cœur que René a abordé l'introduction de son ouvrage. Il dit en substance que dans les épitres pastorales (I et II Timothée et Tite), Paul donne aux jeunes serviteurs des instructions concernant l'organisation et l'administration des églises, en y indiquant la façon de résoudre les problèmes individuels

[24] Texte de couverture.

des membres. Il incarne cette vision dans sa manière de prioriser les contacts d'accompagnement pastoral interminable en marge des grandes rencontres. Ici même on trouve un de ses principes les plus chers, la gestion du temps de Dieu pour accomplir ce qui est utile : *Certains ont contesté, que ce n'est pas Paul qui a écrit les Pastorales... Nous n'avons pas le temps d'aller dans les détails de cette discussion, mais à l'examen, aucune de ces raisons ne tient.* Le souci, il l'a dit, c'est de préparer des vases utiles à leur Maître, dévoués au service de notre Seigneur Jésus-Christ, pour l'expansion du royaume de Dieu et pour la proclamation de l'Évangile de Jésus-Christ, en vue de l'évangélisation de la jeunesse de notre génération (p. 2). Mais quel modèle doit suivre le leadership de cette génération ?

Le modèle du responsable

Les sept (7) images placées par Paul devant Timothée comme modèle constituent la boucle du chapitre, et c'est sur ces images que portera mon attention pendant la réflexion.

Comme intendant –la première image, le jeune ouvrier Timothée a besoin des enseignements de son Maître ; deux tâches importantes lui sont confiées : garder le dépôt reçu et le transmettre fidèlement à d'autres pour sa pérennisation. En effet on ne peut pas demander à quelqu'un de garder ce qu'on ne lui a pas donné. Et Paul était très sûr du dépôt que le jeune Timothée avait reçu de lui avant de l'exhorter à le garder et à l'employer à bon escient. Recevoir, confier, rendre compte, voilà ce qui est attendu d'un intendant de l'Évangile. René faisait partie de ceux qui ont travaillé dur, pour la formation d'une génération de jeunes serviteurs de niveau universitaire, que possède particulièrement l'Afrique aujourd'hui ; et sa façon de le faire sonne comme des carillons à nos oreilles aujourd'hui : ... *Et ce que tu as appris de moi en présence de beaucoup de témoins...* Pourrions-nous dire, comme pour nous disculper : *Je n'ai rien reçu de toi* sans nous trahir par nos témoignages à d'autres occasions ? Il y a besoin de discipline pour assurer la transmission fidèle du témoin. La discipline fait la force des armées, a-t-on l'habitude de dire. L'apôtre Paul aime utiliser les images militaires dans ses exposés, il compare l'ouvrier à un soldat.

Nous sommes les soldats, les soldats de Jésus

Nous sommes les soldats, les soldats de Jésus

Et nos pas de soldats marquent les Alléluia !

Et nos pas de soldats marquent les Alléluia[25] !

Comme véritable soldat –la deuxième image (vv. 3-4), Timothée doit être prêt à endurer les souffrances qui sont inhérentes à la vie de ceux qui veulent fidèlement recevoir, retenir, garder et transmettre l'Évangile. Peu de personnes aiment souffrir dans le ministère. Combien n'ont-ils pas purement et simplement démissionné parce que le rythme de René était trop astreignant ? Travailler avec cet homme de Dieu était un véritable parcours de combattant. L'image du soldat lui sied et il pouvait donc l'employer avec beaucoup d'aisance. Il aimait simplifier les choses. *Je ne sais pas pourquoi ce qui est très clair dans ma tête ne l'est pas chez les autres*, aimait-il dire, pour dénoncer la futilité de certaines actions et l'hésitation de certaines personnes à s'engager dans un programme. Le soldat ne s'encombre pas de ce qui n'est pas nécessaire. Habits supplémentaires, téléphones non nécessaires, congés exceptionnels, salaires supplémentaires ; bref, tout ce qui n'est pas strictement nécessaire au service du Maître était encombrant pour lui, et c'est cela l'image du soldat qu'il cherchait à imprimer dans l'esprit de ses auditeurs et surtout ses disciples. Il y a naturellement des gens qui aimaient écouter ses enseignements juste parce qu'il enseignait bien. Ceux-là n'ont pas la moindre idée de mettre en pratique ce qu'ils ont entendu pour parvenir au statut d'athlète.

L'athlète, le laboureur, l'ouvrier, voilà une série d'images parlantes –la troisième, la quatrième et la cinquième, pour représenter le modèle de responsable recherché pour relever le défi de notre génération. Il requiert de l'athlète des exercices pénibles ; lesquels s'étendent quelquefois sur une longue durée pour une compétition de quelques minutes à peine. Cependant, lorsque le prix est remporté, c'est une joie immense non seulement pour l'athlète lui-même mais aussi pour un grand nombre. L'auteur insiste sur le fait que l'ouvrier n'est pas un

[25] Chant préféré de René lors des séminaires de formation et recyclages des Évangélistes pour la Campagne d'Evangélisation Systématique *Tchad Pour Christ*.

Président Directeur Général (PDG), on comprend par-là qu'il travaille de la main pour différents métiers. Tout ouvrier sage utilise l'outil le plus convenable pour la tâche qu'il se propose d'exécuter. L'ouvrier éprouvé dispense correctement la Parole de la Vérité, prend le soin d'éviter les discours vides et profanes, étant donné que les discours vides et profanes engendrent facilement les querelles. Or le rôle du serviteur du Seigneur n'est pas d'engager des querelles, mais plutôt d'enseigner et de redresser avec douceur les contradicteurs, afin de conduire le peuple de Dieu à la repentance et à la connaissance de la Vérité. On aboutit ici à l'image d'un véritable évangéliste –la sixième image. L'on se rappelle que l'auteur lui-même conduisait en son temps un programme d'évangélisation systématique de sa nation ! Il n'a pas de temps à perdre dans les incompétences, les hésitations, les querelles inutiles et la distraction. En bon africain, il savait s'y prendre exactement comme un laboureur travaille dur et attend patiemment la récolte qu'il partage avec d'autres. Contre vents et marées, la Parole doit être prêchée à tous les Tchadiens, et en un temps record, parce que nul ne détient la date du retour de Christ ; lequel retour n'offrira plus l'occasion de témoigner aux compatriotes qui n'auront pas jusqu'alors pris la décision de choisir la vie. Et dans quel domaine pourrions-nous être des vases utiles au Maître si ce n'est dans le ministère de la communication de l'Évangile ?

Le modèle de responsable que l'on peut laisser à la jeunesse que l'on prépare pour être un *vase utile* au Maître, c'est notre propre témoignage en tant que formateur de disciples –la septième image. Apprendre aux jeunes à fuir les passions de la jeunesse, ce n'est pas seulement les mettre en garde contre les désirs sexuels illicites, mais aussi leur montrer par notre exemple que nous nous sommes débarrassés de l'orgueil, du désir de richesse et de puissance, de la jalousie, de l'affirmation excessive de soi-même ou de l'esprit de dispute. Si nous avons combattu le bon combat de la foi jusqu'au bout sans guerroyer pour les titres et les positions éphémères, nous aurons rendu un bon service aux jeunes engagés derrière nous, pour être des vases utiles au Maître dans l'évangélisation et la mission auprès de la génération présente. Ce sera la prédication authentique de notre part à notre génération, et partant, à celle des disciples que nous aurons formés. Un tel projet nécessite un programme.

Le programme du responsable (II Timothée 4.1-8)

Trois questions-clés ont trouvé des réponses claires dans ce chapitre : Pourquoi prêcher la Parole ? Qui doit prêcher ? Comment prêcher ? Dans les huit (8) premiers versets du dernier chapitre de II Timothée, l'apôtre dessine les réponses à ces questions, lesquelles constituent en elles-mêmes le programme du responsable. Les propos du début de la section forcent l'analogie :

> … Paul livre ses recommandations finales à Timothée, en même temps qu'il conclut non seulement le présent livre (II Timothée), mais également les épitres pastorales, voire son ministère et sa vie entière. Paul n'aura plus la possibilité d'écrire. Sa deuxième épitre à Timothée peut alors être considérée comme les dernières paroles d'un mourant. Il rappelle solennellement, et de façon urgente, le programme que Timothée doit poursuivre[26].

Pourquoi prêcher la Parole ? Pourquoi la priorité à la Bible ! En effet, tout véritable prédicateur annonce la Parole, et rien d'autre, car elle est la Vérité (Jea. 17. 17). Et la solennité de l'ordre de ne prêcher que la Parole ne laisse aucune place à la négligence. Avons-nous vu quelqu'un prêcher la Parole et faire de la prédication de la Parole son boulot toute sa vie ? Avons-nous rencontré un jeune lycéen utiliser le quart d'heure de la récréation pour prêcher la Parole dans la cour du lycée au point d'être surnommé *la voix qui crie dans le désert* ? Qu'est-ce qui peut bien motiver une telle personne si ce n'est l'adjuration précoce du Maître ! Et l'habitude a formé le caractère qui est devenu à son tour une destinée. Le diable exploite à son propre profit tout le temps que nous n'utilisons pas pour l'honneur, la gloire et l'œuvre de notre Dieu. C'est beau d'entendre de quelqu'un ce qu'il a pratiqué lui-même. Proclamer la Parole est la plus grande charge que le Seigneur nous ait confiée. C'est grâce à des croyants, fidèles à leur mission comme Timothée, que nous croyons en Christ aujourd'hui. Nous sommes donc redevables.

L'urgence de la prédication de la Parole est liée à l'imminence du retour de Christ qui inaugure le jugement. Le prédicateur est disponible

---

[26] p. 30

à tout instant, que l'occasion soit favorable ou non, pour prêcher la Parole ; un sentiment d'urgence envers ses auditeurs l'anime, car le temps va venir, dira Paul, où *ils ne supporteront pas le sain enseignement.* Pendant que nos contemporains se détournent déjà de la vérité, se lassent du plein Évangile ordinaire de Christ et deviennent gourmands de fables et prennent plaisir en elles, nous avons besoin de contextualiser le message inchangé de l'Evangile, de saisir toutes les occasions de faire connaître le pur Évangile. De nombreux chrétiens guettent seulement l'occasion favorable pour partager la bonne nouvelle avec quelqu'un. Or, cette occasion favorable ne vient jamais et la personne perd toute possibilité d'entendre parler du chemin du salut. C'est pourquoi, sous les directives du Saint-Esprit, nous devons être prêts à parler de notre foi aux autres, même à des moments difficiles ou inopportuns.

Convaincre et reprendre ceux qui se conduisent mal paraît dur, et c'est pourtant l'un des principaux devoirs du responsable, afin de ramener les brebis galeuses sur le bon sentier. Sans cette discipline, l'Église s'affaiblit, permettant ainsi aux faux docteurs et aux faux chrétiens de s'y introduire et de se multiplier. De peur de voir nos communautés vidées, nous aimerions caresser les gens dans le sens du poil. Or, ceux qui nous ont précédés n'ont pas agi de la sorte. Pourquoi ne pas imiter leur leadership et leur foi ?

Depuis que le péché est entré dans le monde, le mal ne fait que progresser. Quand on observe l'attitude et le comportement de l'homme, verticalement, il manque de respect pour Dieu et se rebelle contre lui, c'est l'impiété. Et horizontalement, l'homme exerce l'injustice envers ses semblables ! On se bat pour moraliser les gens. Vains efforts ! C'est la Parole qui transforme et non la morale, d'où l'utilité de cette Parole pour préparer l'homme de Dieu à toute œuvre bonne. Cette Parole doit être prêchée à temps et à contre temps. L'Église est au centre de la bataille parce que c'est elle qui est appelée, au milieu de cette impiété et cette injustice, à représenter les intérêts de Dieu. Malheureusement, les chrétiens eux-mêmes semblent exprimer un christianisme de façade ! Que font les chrétiens aujourd'hui dans cette bataille, et les pasteurs qui sont chargés de prêcher stratégiquement la Parole pour équiper, façonner les chrétiens à ce combat contre l'injustice et l'impiété ? La parole de Dieu, lumière du monde, a joué de tout temps le rôle essentiel dans la vie du peuple de Dieu. Et dans les conditions susmentionnées, il est urgent de venir à l'évidence que la Parole est inspirée et utile pour former les hommes au goût de Dieu.

Cette Parole doit être prêchée, c'est le programme de tout responsable de l'Église. Le bon responsable, le prédicateur doit reprendre ceux qui sont dans l'erreur, censurer ceux qui pèchent, exhorter ceux qui se conduisent bien à continuer dans la bonne voie. *Il viendra un temps où les hommes ne supporteront pas la saine doctrine ; mais ayant la démangeaison d'entendre les choses agréables, ils se donneront une foule de docteurs selon leurs propres désirs, détourneront l'oreille de la vérité, et se tourneront vers les fables* II Tim 4.3-4. Devons-nous encore hésiter à dire que ce temps est déjà arrivé ? Ce temps nous lance un défi. A celui à qui l'on a beaucoup donné l'on demandera beaucoup. Nous devons prêcher la Parole, avec l'idée de rendre compte un jour, non pas devant les auditeurs ou devant notre dénomination, mais devant le tribunal du Juge suprême. Ceux qui nous ont précédés n'ont peut-être pas eu autant de modèles humains de ce niveau théologique devant eux, mais ils n'ont pas démérité. Ils ont pu laisser, par la grâce de Dieu, une génération informée et formée à la tâche de la prédication. Ne faut-il pas imiter leur foi si nous voulons être un vase utile au Maître ? Nous aurions fait renaître la bibliothèque des cendres si elle avait vraiment brûlé !

Combattre le bon combat, achever la course, garder la foi, s'assurer de la réception de la couronne de justice… Quelle belle image de vie !

Extrait de l'ouvrage de Daïdanso René,
Un vase utile au Maître, l'étude de II Timothée, publié par l'AEA en 1999,
Adapté par Gadmadji Daniel

L'AFRIQUE FRANCOPHONE FUT SA PAROISSE

Nous venions de passer cinq jours à Dabou, en Côte d'Ivoire. C'était là que l'Union des Chrétiens Tchadiens de l'Etranger (UCTE) dont j'étais membre avait organisé son Assemblée Générale. Nous nous sommes retrouvés au Centre d'Accueil Protestant où nous pouvions tenir notre rencontre à moindre coût.

Nous étions sur place depuis cinq jours. C'était la dernière séance ce soir. Le ciel était limpide et pur. Ce n'était pas habituel en cette période de l'année où la petite saison sèche était souvent chargée de nuages. Dans la salle, la fatigue accumulée durant les cinq jours de rencontre ne semblait pourtant pas avoir érodé la joie des participants. Chacun était encore captivé par la séance d'exposé biblique de René. Sa voix tonifiante et rythmée, ses jeux de hanches dont il en avait seul le secret, la profondeur de ses explications de texte nous transportait. On se régalait une dernière fois de la richesse du livre de Néhémie. La combinaison de l'éloquence de René, de la profondeur du contenu de son exposé et la lumière appropriée de la salle de réunion nous faisait renaître malgré l'heure avancée de la nuit.

Le pasteur, de ses un mètre quatre-vingt, s'arrêta brusquement, fit une pause. Puis, il fit un pas en avant, comme pour mieux réajuster le contact de ses yeux avec l'assistance. Il s'arrêta de nouveau et reprit la parole : *Chers amis, je regrette que ceci soit notre dernière séance. Comme vous pouvez imaginer, le livre de Néhémie est d'une richesse exceptionnelle pour notre contexte. Mais ne vous en faites-pas. Pour ceux qui le peuvent, je serai dans la salle demain à 5 heures du matin pour continuer mon exposé. Je ferai deux heures d'exposé jusqu'à l'heure du petit déjeuner.*

Nous nous sommes regardés les uns les autres. Ne s'est-il pas trompé d'heure ? Comment même imaginer une séance d'exposé biblique à 5 heures du matin ? Avait-il lu sur nos visages notre questionnement ? Il reprit la parole, avec son sourire habituel à désarmer ses interlocuteurs. *Je serai dans la salle de conférence et je commencerai mon exposé à 5 heures pile du matin. Les chrétiens sont appelés à être des soldats, n'est-ce pas ?*

En effet, nos cœurs étaient déjà tournés vers le départ. Le lendemain vers 9 heures du matin, après le petit déjeuner, le bus devait venir nous chercher. Chacun commençait à rêver du voyage retour. D'autres pensaient déjà aux amis avec qui ils passeraient encore quelques jours en Côte d'Ivoire. Pour d'autres encore, ils se déplaceront à Jacqueville, une autre ville de la côte située de l'autre côté de la lagune. Les Groupes Bibliques Universitaires (GBU) francophones, s'y étaient donné rendez-vous pour une rencontre mondiale.

Ceux qui connaissaient mieux René savaient qu'il était au sérieux. Il fallait donc se réorganiser intérieurement pour intégrer le nouveau programme. Ce pasteur adulé a une telle passion pour la formation des disciples qu'il n'hésita pas à exploiter la moindre opportunité pour enseigner. Nous inviter à suivre un exposé à 5 heures du matin n'était pas quelque chose de si extraordinaire pour lui. *Les disciples sont des soldats*, aimait-il dire et chanter. La formation des disciples doit avoir un aspect de discipline militaire. Le disciple de Jésus doit être prêt à tout moment : se lever très tôt pour prier, lire sa Bible avant d'être distrait par les choses de la vie qui emballent des gens. En Afrique, la vie sociale commence très tôt et les disciples africains doivent apprendre à se lever tôt. Cette surprise qu'il nous offrait faisait certainement partie de son plan de formation des disciples. Selon lui, l'Afrique a besoin des chrétiens qui doivent apprendre à se rendre disponible pour Dieu à tout moment, y compris se lever à 4 heures du matin pour être enseignés et/ou pour servir.

La leçon à cinq heures du matin

En tant qu'organisateur, je me suis réveillé à 4 heures. Après avoir pris ma douche, je me suis dirigé vers la salle. Mon ami Barka Kamnadj qui était venu du Burkina Faso pour nous donner un coup de main dans l'organisation était avec moi. Nous voulions être dans la salle de conférence quelques minutes avant 5 heures, pour nous assurer qu'elle était bien préparée. Nous descendions de notre dortoir situé à une trentaine de mètres de là. Nous passions la porte. Il faisait encore nuit. Barka me fit signe en pointant sa main vers la salle : *mon frère, regarde, on dirait que la lumière de la salle est allumée ! Avons-nous oublié d'éteindre hier nuit ? Mon frère, répondis-je. J'espère que René ne va pas nous faire un coup. Et s'il était déjà dans la salle ?*

Nous continuions notre marche. En nous rapprochant de la salle, une silhouette d'une personne assise se fut de plus en plus précise. En nous voyant nous approcher, l'homme se leva, avança vers la porte et éclata de rire. Il avait vu notre hésitation et notre surprise. *Bonjour mes amis soldats! Je suis là. Vous ne vous attendez pas à moi, n'est-ce pas ?* Après les salutations, Barka fit demi-tour, repartit dans les dortoirs pour réveiller les autres qui avaient toujours le doute.

A 5 heures, René reprit ses enseignements. Certains participants n'avaient pas eu le temps de rincer leurs visages. Mais personne n'a somnolé durant cette séance de deux heures. Tous semblaient être heureux d'écouter à nouveau René à cette heure inhabituelle.

Etre leader pionnier en Afrique, c'est pour être passionné de l'Évangile, faire tout pour former non des convertis mais des disciples, des soldats de Jésus. J'ai compris pourquoi il aimait chanter ce cantique : *nous sommes soldats de Jésus.*

C'est à Bangkok en Thaïlande que j'ai appris la mort du pasteur René. J'ai tremblé avant de me calmer. Je savais que les choses étaient gâtées. Je ne pourrais pas participer aux funérailles de René. Même mes larmes n'y feraient rien. Quand un homme de la trame de René s'en va, quel héritage laisse-t-il derrière et que va en faire la jeune génération des chrétiens et responsables tchadiens et africains ? Allons-nous détruire le drapeau évangélique qu'il laisse ? Que retiendrons-nous de ce serviteur infatigable qui a consacré sa vie au ministère, poursuivant *l'œuvre bénie avec zèle, amour et foi*, faisant de son mieux pour l'avenir de l'Église au Tchad et en Afrique francophone ? Comment allons-nous construire sur ce qu'il a pu semer, par la grâce de Dieu ?

Il y a plusieurs leçons que nous pouvons retirer de la vie et du ministère de René. Mais je voudrais me concentrer sur deux aspects : la fidélité et la constance dans son engagement avec le Seigneur et la multiplication des leaders qui étaient sa passion.

La leçon de fidélité à la vocation

J'ai une fois eu l'occasion de rendre visite à mon *petit grand frère* Solomon Andria à Antananarivo à Madagascar, son pays d'origine. Il y était pour des raisons de famille. Lors de ma visite, j'étais accompagné de mon ami et collègue Pascal Ratovona qui faisait partie de mon équipe régionale. Il est aussi originaire de Madagascar où il réside avec sa famille.

J'avais connu Solomon étant étudiant. J'avais toujours eu beaucoup d'admiration pour ce grand frère serviable, très peu bavard mais profond. De petite taille par rapport à moi, Solomon m'appelle affectueusement *le grand petit frère*. Il y a une blague que nous faisons dans nos rencontres des GBU d'Afrique francophone. Au moment de prises des photos de famille, nous disons : les Tchadiens devant et les Malgaches derrière !

J'ai eu le privilège et la joie de servir comme Secrétaire Itinérant sous l'autorité de Solomon. Par la suite, j'ai eu la lourde responsabilité et l'honneur de lui succéder comme responsable des Groupes Bibliques Universitaires d'Afrique Francophone. J'avoue que ce n'est pas du tout facile de se mettre sur les traces d'un tel serviteur de Dieu et de chausser sa pointure.

Lorsque Solomon nous reçut, dans la pure tradition africaine, il nous offrit à boire. Et pour nous accompagner il commanda du café à son épouse Alexandrine. Timidement, je lui ai demandé s'il était toujours au café et s'il n'avait pas encore changé de boisson. Avec son habituel discret sourire à désarmer, il me répondit : *grand petit frère, tu sais, ma relation au café n'est pas une histoire de dépendance ou d'addiction mais une affaire de fidélité !*

La fidélité c'est quelque chose qui n'est donc pas loin de l'addiction ou de la dépendance. Les frontières sont très fines à délimiter. C'est quelque chose qui nous attache et nous tient. Ce n'est pas pour rien qu'on utilise ce terme pour décrire la relation entre une femme et un homme. On reste ensemble quel que soit ce qui arrive. On reste lié le temps de la vie. On a la liberté de se défaire mais on fait le choix de rester attaché sans ivresse et sans contrainte.

René n'était certainement pas un drogué de Dieu. Il ne souffrait pas d'une addiction comme on peut l'être pour le café. Il était peut-être un fou de Dieu. Il est resté profondément attaché et fidèle au Seigneur qui l'a appelé et a tracé sa voie. Il a témoigné d'un engagement constant que ni l'épreuve du temps et les circonstances n'ont pu ébranler ni éroder. Évangéliste dès son jeune âge, il avait reçu l'appel pour faire la théologie. Et il n'a regardé ni à gauche ni à droite. Il fut d'ailleurs le premier Tchadien évangélique à faire des études théologiques au niveau universitaire. Après ses études en France, il rentra au Tchad son pays pour y consacrer la plus grande partie de sa vie et du ministère. Les tentations de l'époque étaient certainement très grandes, parfois crues, ouvertes comme subtiles. Il devait être soumis aux pressions de différents côtés, y compris de certains membres de sa famille qui ne devaient pas comprendre sa décision. J'ai et je continue de faire face aux pressions semblables, car beaucoup ne comprennent pas que je mette mes études universitaires au service de Dieu. Quand on vous appelle Pasteur, il y en a qui le font honnêtement. Mais pour d'autres, il y a derrière la tête un sentiment de surprise, de désaccord et d'incompréhension. C'est comme s'il est un fou derrière un intellectuel qui laisse tout tomber pour devenir pasteur. Quelqu'un m'a dit ouvertement un jour que je devais aller chercher un autre travail, car servir comme pasteur équivaut à gaspiller mon doctorat !

Beaucoup de jeunes aujourd'hui tombent dans la tentation de compromettre leur vocation et leur appel à servir Dieu comme pasteur. Ils rêvent à un avenir meilleur dans la vie. Ils pensent à la voiture, à la villa, aux voyages. Chacun rêve de devenir quelqu'un. Dans un monde où seul l'argent compte, les jeunes sont tentés de suivre le courant du monde. La vie de René devrait être un exemple pour les jeunes qui n'ont pas souvent un sens de la vocation, et qui ont tendance à raisonner en termes de carrière professionnelle. En rapport avec sa vocation, il était sans conteste un leader multiplicateur de disciples.

Le leader est un multiplicateur de disciples

La marque d'un responsable réside en sa qualité de multiplier des responsables. Il ne s'agit pas à mon humble avis de se reproduire comme un clone. En effet l'influence d'un leader sur ses disciples peut parfois être telle que ceux-ci l'imitent même dans sa voix et façon de parler. Il y a certainement des leaders profondément influencés par René qui ont tendance à parler et même à prêcher comme lui. Ils ont tendance à répéter ses expressions, ses gestes, même si personne n'a encore réussi à reproduire ses jeux de hanches. Il en avait seul le secret, un peu comme le secret du maître initiatique qu'il ne passe à quelqu'un que sur son lit de mort. J'ai moi-même hérité de René cette phrase : *On se reposera au ciel,* pour justifier mon rythme de travail effréné et souvent sans repos suffisant.

L'apôtre Paul ne nous invite-t-il pas à être ses imitateurs comme lui-même l'est de Christ ? (I Cor. 11.1). Mais être un responsable qui se multiplie va au-delà de la simple imitation de style. Il s'agit de l'être par ses actions en profondeur, par un investissement intentionnel et stratégique, par son attitude à céder de l'espace aux autres. Il est bien question de susciter volontairement beaucoup de jeunes leaders capables de faire mieux que soi, de faire au-delà de ce qu'on a fait. Il faut les laisser prendre des initiatives et même des initiatives risquées. Il s'agit d'être prêt à célébrer les nouvelles idées qu'ils veulent expérimenter. Ceci n'est pas souvent facile dans le contexte africain où certains leaders n'acceptent pas d'encourager de nouvelles idées, tant qu'ils n'en sont pas des initiateurs. Tout doit commencer par eux, passer par eux et être conclu par eux. Ils sont invités à prier au début des rencontres comme à la fin. La dernière parole doit toujours leur revenir. Ils sont l'alpha et l'oméga !

Les leaders qui se reproduisent bien sont en général des facilitateurs et non des acteurs et des activistes. Ils essayent, au fur et à mesure qu'ils avancent en âge dans le ministère, de se retirer progressivement de la scène pour être de mieux en mieux des facilitateurs, des mentors. En Afrique, la culture de l'aîné n'aide pas toujours à l'effacement intentionnel, à la mort de soi : s'effacer de plus en plus des grandes conférences, des grandes réunions et donner assez de chance aux jeunes de faire leurs pas, quel que soit le risque qu'ils échouent de temps en temps.

Je me rappelle d'une conversation avec René à l'Hôtel Ivoire à Abidjan. Il était venu soutenir les familles du personnel de l'Association des Evangéliques d'Afrique (AEA) disparu dans un crash d'avion sur la côte d'Abidjan. Il était visiblement très fatigué physiquement mais aussi émotionnellement. Mais il était comme à son habitude toujours alerte. Je lui ai donc suggéré de prendre un peu de recul par rapport aux flots d'activités, pour être davantage le patriarche qui s'assiérait sous l'arbre à palabre, afin de maximiser la multiplication des leaders. Il était une bibliothèque vivante et mobile. Dans ma vision non encore très élaborée, je pensais qu'il pouvait concevoir un ministère un peu plus sédentaire où il se rendrait disponible, recevant des jeunes de différentes parties d'Afrique qui aimeraient venir séjourner à ses côtés pour une période donnée et s'abreuver à ses pieds. La réalisation d'un tel projet aurait nécessité une réflexion approfondie pour qu'il soit viable. J'aurais peut-être dû, avec mon don d'administrateur, l'aider à concevoir un tel modèle de projet de mentorat qui tienne compte de notre culture d'arbre à palabre, où les jeunes s'asseyent durant toute la journée autour du mentor.

Je demeure convaincu que la multiplication des leaders n'est pas premièrement une question de remplir les têtes de connaissance cognitive. Il s'agit de travailler sur le caractère, sur les valeurs à incarner et qui doivent découler d'une intériorisation profonde. Les leaders qui dirigent en se basant sur les choses extérieures comme les techniques de management et autres, mais qui ne sont pas impulsés par quelque chose venant de l'intérieur d'eux sont des races de responsables incapables de produire les changements désirés. J'imagine que c'est la raison pour laquelle Jésus a passé ses trois années de ministère public avec ses disciples, non en les bombardant d'exercices intellectuels, mais en investissant sur leur caractère, leur tempérament et les valeurs.

J'ai failli car je n'ai pas suffisamment insisté auprès de lui. Je regrette également en tant qu'ancien directeur des Presses Bibliques Africaines (PBA), de n'avoir pas pu amener un projet de publication d'un ouvrage de René à son terme. Il avait développé une série d'études sur le livre de Timothée. Quelques participants l'avaient aidé à faire des notes. René ne se mettait pratiquement jamais à écrire formellement. A ma connaissance, il n'a jamais soumis pour publication un manuscrit qu'il aurait écrit de bout en bout. L'un des thèmes favoris de ses enseignements sur le livre de Timothée était : *Et ce que tu as entendu de moi en présence de nombreux témoins, confie-le à des hommes fidèles, qui soient capables de l'enseigner aussi à d'autres* (II Tim. 2.2). Avant d'en venir au mot de la fin, j'atteste que sa passion autour de ce thème était une indication claire qu'il se préoccupait de la multiplication des disciples et responsables.

Le mot de la fin

L'Afrique francophone fut la paroisse de René. Son don magnifique, c'était de rendre le ministère pastoral attrayant et beau, malgré les épreuves et les tentations certaines que sont celles du pouvoir, de l'argent et du sexe. Ce qui reste et qui restera de René pour la nouvelle génération, c'est cette capacité qu'il a eu de rendre le surnaturel naturel, et qui nous pousse à regarder à des horizons profonds, plus singulièrement à cet horizon qui donne un vrai sens à la vie chrétienne, l'horizon de service. Cet horizon doit pousser et transporter nos cœurs à apprendre de la vie de Christ : *Car le Fils de l'homme est venu, non pour être servi, mais pour servir et donner sa vie comme la rançon de plusieurs* (Mar. 10.45).

Bourdanné Kadébé Daniel
Secrétaire Général de l'IFES
Secrétaire Régional des GBUAF (1996-2006)
Secrétaire Itinérant des GBUAF pour l'Afrique de l'ouest (1990-1995)

UNE BALEINE POUR L'AFRIQUE FRANCOPHONE

Quand j'ai visité Cotonou, la grande capitale économique du Bénin pour la première fois, j'ai entendu une histoire invraisemblable qui m'a marqué à vie. C'est plus tard que j'ai compris qu'il s'agissait des baleines qui échouaient sur les côtes africaines. Cela se produisait rarement, mais alors, toute la ville se ruait sur la côte comme à une occasion unique de fête.

On racontait que tous se servaient une portion de la chair de l'animal, et chacun trouvait sa part de nature différente, bien qu'il s'agisse d'un seul animal. Certains morceaux étaient véritablement du poisson, mais tous les poissons s'y trouvaient, du thon à la sardine en passant par la catégorie des carpes. Les viandes existaient aussi en variété, une partie pouvant être du bœuf, une autre du mouton, etc.

Ces histoires de baleines qui apparaissaient au bord de la mer avaient deux points en commun : c'était toujours une aubaine pour toute la population et cela drainait une foule immense. Chacun trouvait sa part de viande, et ma tante qui m'a conté l'histoire ajouta que chaque jour, les gens allaient chercher de cette viande jusqu'à ce que l'animal se décide à se glisser, pour reprendre la mer.

Quatre décennies se sont écoulées depuis, mais jamais mon rêve d'être témoin dudit spectacle n'a pu se réaliser… Papa Daïdanso a été la baleine pour l'Afrique francophone. Chacun a pris sa part : les uns l'ont eu comme évangéliste, enseignant, pasteur ou formateur itinérant. Pour les autres, il a été oncle, mari, père, collaborateur, administrateur, etc.

Après avoir nourri chacun, il a glissé, le moment venu, non pas pour prendre la mer, mais pour entreprendre son voyage céleste. Comme la population s'attristait quand la baleine reprenait la mer, la plupart de tous ceux qui ont reçu de lui se sentent orphelin. Moi je l'ai eu comme initiateur, pasteur et formateur itinérant. Notre histoire d'amour filial a commencé en 1984, quand je devais prendre part au septième congrès des Groupes Bibliques Universitaires d'Afrique Francophone (GBUAF), qui s'était tenu à Kinshasa (République Démocratique du Congo[27]). C'était une bonne aubaine.

Une bonne aubaine

Je prenais l'avion pour la première fois. Vous pouvez donc imaginer toute l'excitation doublée d'appréhension dont j'étais l'objet face à cette expérience nouvelle. La compagnie aérienne *CAMAIR* qui transportait les congressistes, embarqua à Abidjan les délégués de la Côte d'Ivoire, de la Guinée, du Mali et du Sénégal. L'escale de Cotonou rassemblait ceux du Niger, du Togo et du Bénin dont je faisais partie.

Mon initiation va commencer par la main souveraine de Dieu, qui me fit placer auprès de celui que je vais plus tard affectionner comme l'un de mes pères spirituels. Assis tout tremblant auprès d'une personne aux lunettes descendantes, avec une barbe pointue camouflant son cou, je reçus ma première leçon d'initiation, car c'était lui qui me montra comment mettre la ceinture de sécurité. Ensuite, il entama le dialogue par ses multiples questions sur ma personne et sur ma destination. Ayant découvert que nous avions la même destination, il entreprit de me rassurer. Et j'en avais bien besoin. C'était comme si Dieu, en m'isolant, me confiait à un mentor. Entre Cotonou et Douala, nous avions eu droit au déjeuner, et mon instruction continua aussi dans ce domaine. Mais la grande initiation que j'ai reçue du pasteur Daïdanso a concerné la vocation. Il en a été un instrument désigné par Dieu.

Un instrument désigné par Dieu

Je me rendais à ce congrès sans me douter que ma vie allait basculer pour toujours. Et pour bien l'expliciter, je suis obligé de remonter à ma première participation à un camp : celui des Groupes Bibliques

[27] Zaïre au moment des faits.

Universitaires et Scolaires du Togo (GBUST), en juin 1982 à Lomé. Au cours de ce camp, Dieu m'avait adressé son appel par la prédication de l'orateur principal, T.B. Dankwa, alors Secrétaire Régional pour les Groupes Bibliques Universitaires (GBU) d'Afrique Anglophone. Ce dernier prêchait sur le thème : *Levez les yeux, les champs sont prêts pour la moisson*. J'entendis comme une voix audible de Dieu s'adressant à ma personne : *Augustin, regarde mon champ, la moisson est prête, lève-toi pour me servir*. A sa troisième prédication, je m'étais glissé hors de la salle, parce que je ne pouvais plus supporter cette voix. Le dernier jour fut le plus dur pour moi, car il lança un appel auquel j'avais véritablement résisté, avec tout ce que cela pouvait comporter comme malaise. Ce premier camp de GBU fut une expérience très amère pour moi. C'est la crainte de trahir ma famille qui motivait ma résistance.

En effet, suite à mon échec au concours d'entrée en médecine, mon oncle qui assurait ma scolarité, me proposa d'étudier les Sciences Economiques, en vue de l'appuyer plus tard de mon capital technique à la création d'une entreprise familiale. C'est pourquoi répondre à l'appel de Dieu résonnait dans mon cœur comme une haute trahison de toute ma famille et de cet oncle en particulier. Une autre raison de ma résistance venait du fait qu'à cette époque de mon histoire, je ne connaissais aucun pasteur du monde évangélique de mon entourage qui ait fait l'université, donc étaient *pasteurs* les gens qui n'ont pas fait de grandes études. Telle était ma condition quand je fus désigné par le GBU de mon pays comme délégué au septième congrès des GBUAF, édition de Kinshasa 1984. C'est sur le chemin de cette mission que le Seigneur a exécuté le projet de me rencontrer par le truchement du Pasteur Daïdanso. Voyez-vous pourquoi m'assoir auprès de lui, pour moi, ne relevait pas du hasard ? Ma lecture à postériori, dit que c'est le Seigneur qui l'a fait, ce que je découvrirai tout au long de notre trajet.

A notre escale à Douala, je compris que j'étais le seul qui ne connaissait pas le *baobab*. Quel respect et familiarité avec le reste de la délégation en route pour Kinshasa ! La première chose que j'appris de lui, c'était son sens de la justice. A Douala où nous étions en transit, la compagnie avait voulu nous laisser nous débrouiller ; c'était alors que papa Daïdanso intervint pour réclamer nos droits et cela fut salutaire pour nous autres qui voyagions pour la première fois. Nous étions transportés jusqu'à l'hôtel de transit aux frais de la compagnie, et ce fut ma première nuit passée dans un hôtel à quatre étoiles. C'était aussi là que je montai pour la première fois dans un ascenseur. Mais ce fut à Kinshasa qu'il m'avait offert le bénéfice de tout un menu de soins pastoraux.

Un menu de soins pastoraux

Deux choses importantes se sont passées à Kinshasa et vont briser ma résistance à l'appel du Seigneur : un long entretien avec le pasteur au cours duquel j'appris qu'il avait fait l'université, et que c'était en plein cursus universitaire que Dieu lui demanda d'arrêter son propre projet de vie pour se préparer à le servir. Il obéit et se rendit à Vaux-Sur-Seine (France) pour s'équiper en vue du service à rendre à Dieu. Il me donna ce témoignage qui me marqua comme le fer rougi marquait de manière indélébile les esclaves :

Lors de mes études à Vaux-Sur-Seine, dit-il, j'ai appris en dehors des cours, que le Dieu qui m'a appelé est suffisamment puissant et un bon Père, pour pourvoir à nos besoins réels, en tant que je suis un fils aîné d'une famille de neuf enfants et dont le père est un paysan. Mes exploits à l'école rassuraient mes parents de leur investissement pour l'avenir. En effet, mon papa espérait que je puisse l'aider dans la prise en charge de mes frères et sœurs. Aussi, mon appel à servir Dieu n'a-t-il pas reçu un accueil chaleureux. Au contraire, mon père s'est inquiété pour la survie de la famille. C'est avec ce fardeau que je reçus un jour de mon père une lettre qui m'annonçait que ses deux bœufs de labour étaient morts. Je pris la lettre, entrai dans ma chambre et, à genoux, je présentai la situation à Dieu dans une prière fervente. Et la réponse a été presqu'instantanée. Deux jours après, je reçus le courrier d'un ami qui m'offrait un chèque pour mes besoins. Le dimanche qui suivit, on annonça à l'église que j'avais un courrier. J'y découvris de l'argent. Les deux dons couvraient largement et au-delà le prix des deux bœufs.

Le pasteur m'expliqua qu'il expédia tout l'argent reçu à son père, pour l'aider à comprendre, que le Dieu qui l'avait appelé savait aussi quelle responsabilité il devait assumer en tant que fils aîné. Dieu a ainsi montré qu'il honore ceux qui placent leur confiance en lui. Dieu m'avait convaincu par ce témoignage qu'il est le Dieu qui, non seulement prend soin de notre propre vie, mais se charge aussi de nos besoins. Ce que c'est qu'être réellement déchargé d'un fardeau, je l'ai expérimenté par ce témoignage de papa Daïdanso.

Il m'avait consacré plus de deux heures d'horloge pour m'expliquer ce qu'est la vocation et comment il faut y répondre. A la fin, il m'avait dit cette phrase qui aura été comme le processeur d'un ordinateur pour ma réponse à l'appel de Dieu : *Dieu convainc toujours ceux qu'il appelle à son ministère. Si tu n'es pas convaincu, ne rentre jamais dans le ministère, car la souffrance ne serait pas supportable.*

Cette parole *prophétique* s'accomplit deux ans plus tard, en 1986, quand je finissais ma maîtrise en Sciences Economiques. La conviction de servir Dieu était si forte que j'ai renoncé à la création de l'entreprise familiale et à une offre alléchante dans une grande entreprise de la place. Pour mon entourage aussi bien ecclésial, familial que générationnel, j'étais devenu fou. au moment où je répondais positivement à l'appel de Dieu, il n'y avait aucun pasteur cadre dans ma dénomination. Et dans l'environnement des GBU, j'étais le plus petit des cadres qui voulaient entreprendre le ministère pastoral. Dieu avait mis sur mon chemin un pasteur, humain et africain comme référence et modèle.

Une référence et un modèle

J'ai bénéficié d'un autre don pastoral de papa Daïdanso : le contact humain. Au début de nos relations, je lui ai écrit plusieurs lettres (l'internet n'existait pas encore), et j'étais découragé de ce qu'il ne m'ait jamais répondu, jusqu'au jour où je le rencontrai à nouveau à Abidjan. Il me dit alors d'une manière affectueuse : *Mon fils, j'ai reçu tous tes courriers et je les ai tous lus avec un grand plaisir ; mais je voudrais t'avertir qu'il est bien vrai que je ne t'ai pas répondu, et je ne crois pas que je pourrai te répondre dans le futur. Mais sache que je lirai tous tes courriers, je prierai pour toi, et toutes les fois que je serai dans la ville où tu te trouveras, je tâcherai de te rencontrer ou de te téléphoner.*

Des jours, des mois et des années passèrent, et j'avais oublié la promesse de papa Daïdanso. Puis un jour, je reçus en France un coup de fil de Paris alors que j'étais à Vaux-Sur-Seine, et c'était la voix du pasteur Daïdanso : *Mon fils Augustin, comment vas-tu ? Je suis de passage et j'ai voulu savoir comment tu te portes. La fac est dure, tu apprendras beaucoup de choses, mais accroche-toi à la Parole de Dieu et pense au ministère que Dieu a en réserve pour toi en Afrique.* C'est d'abord le contexte dans lequel la phrase a été donnée qui interpelle. C'était la fin de mon premier trimestre à la faculté de théologie, où tous mes acquis bibliques étaient secoués, et où je remettais en question l'utilité de ma présence en ces lieux-là. Ensuite, c'est la personne même de Daïdanso qui édifie. Celui par qui Dieu avait confirmé mon appel à le servir est de passage à Paris, juste au moment où je remettais en question ma vocation. Je ne crois pas au hasard et Dieu ne pouvait mieux choisir pour me remettre en selle que mon *initiateur* et pasteur.

Au regard du chemin que Dieu m'a fait parcourir jusqu'ici, je peux affirmer aujourd'hui que papa Daïdanso a été le prophète. Si je devais faire *l'exégèse* de sa phrase, je dirais que la portée immédiate était de m'encourager à revenir au pays quand j'aurais persévéré et terminé mes études. La prophétie s'est accomplie : je suis rentré en Afrique où Dieu m'a appelé à le servir ; et pour rien au monde je ne me détournerai de cette vocation, car le modèle qu'il m'a laissé est là devant moi et vit au fond de mon âme. Mais la portée prophétique de la phrase va au-delà d'un retour fidèle au service à rendre à Dieu chez moi, dans mon pays. Aujourd'hui je peux dire que ce que Dieu avait en réserve pour moi comme service à remplir et qu'il a insinué par mon *initiateur* était immense. Servir Dieu en tant que Coordinateur des GBU en Afrique Francophone ? Je ne pouvais oser l'imaginer.

Le don de soins pastoraux, de visite ou de coaching du papa Daïdanso ne m'a jamais fait défaut. Partout où j'ai séjourné et autant que cela dépendait de lui, il s'efforçait de me rendre visite ou de me téléphoner pour m'encourager. Ces soins pastoraux se sont accrus quand je suis devenu Secrétaire Général du ministère étudiant de mon pays, le Groupe Biblique des Elèves et Etudiants du Bénin (GBEEB). Et c'est à ce niveau que j'ai appris à le connaître comme formateur itinérant.

Un formateur itinérant

Il me faudrait remplir la place entière pour rapporter toute la formation que j'ai reçue du pasteur Daïdanso. Tous les étudiants chrétiens de ma génération le connaissaient. Si nous étions friands des titres comme c'est le cas aujourd'hui, le pasteur Daïdanso ne serait ni Révérend, ni Bishop, ni Archi-bishop, mais il serait nommé au bas mot *BiDoc*[28]. Or au GBU c'est l'humilité que nos pères spirituels comme Daïdanso, Zokoué, Tiénou, Andriatsimialomananrivo ou Nzash nous ont enseignée. J'imagine aisément l'indignation qu'exprimerait le visage de papa Daïdanso si un GBUssien l'appelait *TriDoc*.

Le pasteur Daïdanso était le formateur professionnel des membres de nos GBU. Généralement orateur sur des thèmes de leadership biblique où son livre favori était celui de Néhémie, le pasteur enseignait la Bible avec autorité telle que les Saintes Écritures la définissent. C'est pourquoi il m'est un peu difficile d'accepter certains prédicateurs contemporains qui confondent autorité et *vocifération*. Son enseignement n'était pas théologique, cousu de citations des pensées des hommes, mais en tant qu'homme d'église, il savait allier avec finesse les réalités quotidiennes aux vérités bibliques, et il devenait évident pour ses auditeurs qu'ils se trouvèrent comme devant un miroir dans ce que Dieu voulait que nous fassions. Ces enseignements mettaient en exergue le rôle de la Parole décrit dans Hébreux 4.12. On pourrait paraphraser le verset en disant que la Parole de Dieu sortait de sa bouche *vivante et efficace, vraiment tranchante comme une épée à double tranchant*. Avant de dire comme un mot de la fin, j'avoue que ses prédications pénétraient les tréfonds où l'on se sentait découvert, pour confesser ses péchés ou pour répondre sans équivoque aux interpellations de Dieu.

Un mot de la fin

Je voudrais terminer ma part reçue de lui par cet exploit que je n'ai pas encore retrouvé chez d'autres prédicateurs, et qui a marqué mon approche des textes bibliques. Cela se passait au deuxième congrès des GBU francophones, en 1989 à Jacqueville (Côte d'Ivoire), où le pasteur avait été choisi comme orateur des cinq soirées de prédication. C'était la dernière activité de chaque journée, et tout le monde se pressait pour y assister. Le pasteur donna les cinq prédications sur le même texte de

[28] Terme employé pour distinguer ceux qui ont plusieurs doctorats des autres docteurs sous certains cieux.

Jacques 4.1-10, et chaque prédication était différente de la précédente et il n'y avait pas eu de redites. Nous avions eu droit à cinq thèmes véritablement différents de prédication, cinq argumentations différentes, pas de répétitions d'illustrations et des leçons différentes. Cela ne relève pas de la science ni de l'art, mais il faut simplement reconnaître que c'est un don de Dieu. Le pasteur René Daïdanso fut un grand don de Dieu pour l'Afrique continentale et pour le monde entier. Qu'il plaise à Dieu d'en susciter plusieurs autres comme lui.

Ahoga Cossi Augustin
Secrétaire Régional des GBUAF
Secrétaire Itinérant des GBUAF (2002-2006)
Ancien Secrétaire Général du GBEE Bénin

UN APÔTRE DU VERBE

Depuis bientôt quarante ans, l'histoire de René Daïdanso est intimement liée à l'histoire du Groupe Biblique des Elèves et Etudiants du Cameroun (GBEEC) et à notre histoire personnelle. C'est pourquoi plusieurs souvenirs s'entremêlent et s'entrechoquent, et chacun avec son acuité et sa pertinence.

Il a été présent à la plupart de nos congrès. Il a enseigné lors de nos camps et retraites. Il a béni nos mariages et même nos enfants. Il était pour plusieurs la figure tutélaire de père spirituel. A force de côtoyer ce roc, l'on avait fini par croire qu'il était indestructible. La longue maladie nous a rappelés à tous, que même le plus robuste des hommes reste comme le dit le philosophe, un roseau et la mort vient de rappeler à notre souvenir ce verset biblique : *Toute chair est comme l'herbe* (Esa. 40.6).

Il est de tradition dans les milieux universitaires que les disciples, les collègues et les amis d'un illustre maître à son départ en congés ou à sa mort, publient une sorte de gerbe, c'est-à-dire un recueil de textes dans lequel ils rappellent au souvenir des vivants et de ceux qui restent, les grandes articulations de sa pensée et de ses œuvres.

Pour le cas du patriarche René Daïdanso, ce travail est d'autant plus urgent qu'il fut un apôtre du verbe à l'image des patriarches africains. Le regard austère et perçant derrière des lunettes noires qui s'incrustèrent dans la peau et donnèrent de la gravité à son visage, René Daïdanso comme ses pairs africains savait donner au verbe toute sa tonalité et sa profondeur. Éloquent mais pas véhément, doublé d'une bonne maîtrise de la langue française, il savait aller droit au but, à savoir distiller la Parole de Dieu et prêcher la sainte doctrine du salut en Jésus-Christ.

Il a parcouru nos routes, nos rues et nos chemins. De jour comme de nuit, il a exhorté, prêché, consolé mais il n'a pas beaucoup écrit. Il a ouvert la porte du ciel à beaucoup de jeunes, faisant d'eux les gardiens de sa mémoire. Il a rasséréné les cœurs troublés des élèves et étudiants partout en Afrique et dans le monde, faisant d'eux les légataires de son engagement chrétien. C'est à nous ici et maintenant, d'écrire à sa place et de faire connaître son héritage aux générations montantes. Il dort certainement dans nos cantines, nos bibliothèques, nos archives et nos caves, des notes prises pendant ses multiples enseignements, des cassettes audio ou vidéos de ses exposés ou commentaires bibliques, pourquoi pas de ses correspondances. La tâche urgente, pour ses enfants biologiques comme pour ses disciples consiste à les rassembler et à voir comment les ordonner et les publier. C'est dans cette perspective que s'inscrivent les lignes qui suivent, en tant qu'elles s'inspirent des enseignements que René Daïdanso a donnés au deuxième congrès ordinaire des GBEEC qui en était le cadre privilégié.

Le cadre privilégié

Pour ce qui nous concerne, de tous les enseignements reçus et Dieu seul sait combien ils sont nombreux, ceux dispensés du 20 au 30 juillet 1982 à l'occasion du deuxième congrès ordinaire du GBEEC, tenu dans la ville de Ngaoundéré, sont restés gravés dans ma mémoire, parce qu'ils m'ont permis de sortir d'une sorte de zone de turbulence spirituelle. A peine quelques années dans la foi, j'étais balancé entre des doctrines contradictoires comme celles de William Marrion Branham ou celles des Témoins de Jéhovah. Ses enseignements sur la personne de Jésus-Christ n'ont permis de sortir d'une confusion doctrinale et d'asseoir ma foi.

Je voudrais transcrire ici les notes prises dans un cahier d'écolier que j'avais alors soigneusement gardé dans mes archives. Il manquera à ce texte sa voix de stentor ou son gestuel inimitable, mais la profondeur de sa pensée sur la personne de Christ telle qu'exprimée ces jours y demeure.

Le thème du congrès était : *Afin que nous croissions à tous égards en celui qui est le chef, Christ* (Eph. 4.15). Le pasteur René Daïdanso y avait conduit quatre exposés bibliques sur le thème : *Jésus-Christ le centre de notre croissance.* Les textes d'appui étaient tirés de : Héb. 1.1-3 et Eph. 4.11-16. Son intervention comprenait une introduction sur la croissance spirituelle et des exposés sur la personne et l'œuvre de Jésus-Christ.

On peut comprendre aisément pourquoi il avait eu besoin de commencer cette communication en mettant un tant soit peu l'accent sur la croissance spirituelle.

La croissance spirituelle

La croissance est une règle de vie et la preuve que la vie existe. Tout organisme qui ne se développe pas ou ne croît pas meurt; mais toute croissance suppose des tensions et des conflits. Pour ce qui est de notre croissance spirituelle, deux forces sont en lutte dans notre être selon Galates 5.17. L'esprit de la chair pour nous empêcher de croître et l'esprit de Dieu pour nous accompagner dans cette marche.

Toute croissance comporte des risques, souvent c'est un pas vers l'inconnu. Sur le plan spirituel, une bonne croissance peut nous conduire à quitter notre pays ou notre famille pour aller vivre et prêcher l'Évangile ailleurs dans d'autres pays. Toute croissance appelle une remise en cause. Elle implique dans une certaine mesure la douleur, celle d'abandonner *son petit péché*. Croître en Jésus-Christ, c'est exposer sa vie au sécateur de la Parole de Dieu pour qu'elle coupe, élague tout ce qui n'est pas à la gloire de Dieu. La Parole de Dieu est souvent comparée à la graine. Elle dépend du sol sur lequel elle est tombée pour croître. Quel est l'état de ton cœur ?

Le but de la croissance, c'est la stature parfaite de Jésus-Christ. C'est connaître les choses comme Jésus le fait et non connaître les choses concernant Jésus-Christ. Croire, c'est connaître la personne et l'œuvre de Jésus-Christ dans sa vie comme dans sa chair. Jésus-Christ est donc le cœur de la maturité chrétienne. Le centre de la croissance spirituelle, c'est la personne de Jésus-Christ.

La personne de Jésus-Christ

De la préexistence de Jésus-Christ. Il a vécu de toute éternité (Mic. 5.1 ; Esa. 9.5-6 ; Jea. 1.1-2 ; Jea. 6.33 et 38 ; Jea. 17.5 ; Col. 1.16).

De l'incarnation de Jésus-Christ. L'homme est pécheur et Dieu est Saint. La justice de Dieu exige que quelqu'un paye pour le péché de l'homme. L'homme ne peut pas remplir cette exigence car il est pécheur. Il n'y a que Dieu pour le faire, or Dieu ne peut mourir. Pour remplir cette exigence, il doit prendre la nature humaine, d'où son incarnation (Jea. 1.14 ; Rom. 8.3 ; Phi. 2.6 ; Héb. 2.14 ; Gal. 4.4).

Au temps résolu, il est né d'une femme. Son nom avait déjà été prédit : Imm Anu El (Avec nous Dieu). Pourquoi l'incarnation ? D'après Héb. 1.1-3 ; Eph. 4 ; Esa. 52.13 ; et tant d'autres passages de la Bible :

1- Jésus est devenu homme pour révéler, dévoiler son Père (Jea. 1.8). Il est le reflet, l'empreinte de Dieu.
2- Jésus est devenu homme pour pourvoir au sacrifice afin de sauver l'homme pécheur (Héb. 10.1-10). Nous devons savoir et toujours confesser que Jésus est mort sur la croix pour nos péchés.
3- Jésus s'est incarné dans l'homme pour détruire l'œuvre du diable (1 Jea.3.8).
4- Il est venu pour mourir, et pour mourir, il fallait qu'il soit un homme (Héb. 2.9, 15 et 18 ; 1 Jea. 2.2). Il est la victime expiatoire pour nos péchés.

Jésus-Christ a les deux natures coexistaient en lui : parfaitement homme et parfaitement Dieu.

De l'humanité de Jésus-Christ. Nous devons confesser que Jésus-Christ est venu en chair (1 Jea. 4.2-3). Il est né d'une femme. En tant qu'homme, Jésus a eu faim (Mat 4.2), il a eu soif (Jea.19 : 28), il a connu la fatigue (Jea. 4.6), il a dormi (Luc 8.23). Il a souffert (Esa 53). Il s'appelait lui-même fils de l'homme. Il a marché, il a pleuré (Jea. 11.35). Il a été tenté en toute chose sans commettre de péché (Héb. 4.15).

C'est un grand réconfort pour nous et pour tout jeune chrétien en particulier de savoir que nous adorons un Seigneur qui, comme nous, a connu toutes les tentations sans y succomber. Il nous comprend mieux que quiconque lorsque nous sommes tentés. Il a connu comme moi la faim, la soif, la fatigue et il sait plus que n'importe qui, ce que la faim ou la soif ou n'importe quelle situation de détresse peut avoir comme effet sur moi. Je peux donc m'approcher de lui avec assurance car il me comprend pour avoir vécu ce que je vis.

De la divinité de Jésus-Christ. Il est appelé fils de Dieu, le premier et le dernier, l'alpha et l'oméga, le Saint, le commencement et la fin. Ce sont les attributs divins. Il est appelé Grand Dieu (Tit. 2.13), il est Dieu (Rom. 9.5, Héb. 11.8 ; Jea. 20.28). Il est Dieu puissant (Esa. 9.5). Il porte tous les attributs divins, c'est-à-dire qu'il est omniscient, omniprésent, omnipotent comme Dieu. Tous ces attributs divins se voient à travers l'œuvre de Jésus-Christ.

L'œuvre de Jésus-Christ

Il s'agit de ce que Jésus a fait (Eph. 4.11-16 ; I Cor. 15.1-11), notamment sa mort. Que signifie la mort de Jésus-Christ ?

1- La mort de Jésus est une mort de substitution. Jésus, le juste, est mort par amour pour moi pécheur. Il a pris notre place sur la croix (Mat. 20.28). Dieu est amour et en même temps juste. Dans la situation dramatique de l'homme, Dieu devait laisser dans la balance sa justice et son amour. Sa justice exige une réparation pour le péché et son amour pourvoit par le Christ à cette exigence.
2- La mort de Jésus est une mort de rédemption. Par notre naissance, nous sommes vendus au péché, esclaves du péché et la colère de Dieu est sur nous. Le sang de Jésus était le prix du rachat exigé par Dieu. Sa mort est donc le moyen par lequel Dieu nous libère du péché.
3- La mort de Jésus est une mort de propitiation ou de substitution. Par la mort de Jésus, Dieu nous est maintenant propice.
4- La mort de Jésus est une mort de réconciliation. Dieu ne nous est plus hostile.
5- La mort de Jésus est la preuve de l'amour de Dieu pour nous (Rom. 5.6-8 ; I Cor. 13).

Jésus-Christ n'est pas seulement mort, il est aussi ressuscité, et par la suite, il est monté au ciel. La résurrection de Jésus-Christ est la preuve que Dieu a accepté son sacrifice. Par son ascension, nous avons un avocat auprès du Père avec la certitude qu'il reviendra. Par Jésus-Christ, Dieu pourvoit-il souverainement au salut de l'être humain.

Le salut est l'œuvre du Dieu trinitaire. A cause de la dépravation de l'homme, il a besoin du Saint-Esprit pour son salut. C'est lui qui donne la conviction du péché (Jea. 16.7-11). C'est toujours le Saint-Esprit qui accomplit l'œuvre de la régénération (Tit. 3.5 et II Cor. 5.17). Lorsqu'on parle du salut, l'on parle de la conviction du péché et de la régénération. Le Saint-Esprit est garant de notre salut.

La Bible dit que nous sommes sauvés par la foi et la foi seulement (Eph. 2.8-10). Certains disent que le salut égale foi plus autres choses comme le baptême ou le parler en langues. La Bible enseigne que la condition du salut c'est la foi et la foi uniquement. Toutefois, si nous ne sommes pas sauvés par les œuvres, les œuvres sont une conséquence du salut.

La personne sauvée est rachetée, réconciliée avec Dieu, citoyen du ciel, prêtre du sacerdoce royal, serviteur, témoin de Jésus-Christ, ambassadeur du christ (II Cor. 5.20).

Il y a deux naissances et deux morts. Si tu veux mourir une fois (la mort physique), alors naît deux fois (la naissance biologique et la nouvelle naissance) et si tu veux mourir deux fois (la mort physique et la seconde mort), alors naît une fois (la naissance biologique).

Qu'on le veuille ou non, on n'est pas sauvé par le sang (l'on ne naît pas chrétien, on le devient). On n'est pas non plus chrétien par la volonté d'un homme (aucun décret, aucun rite ne vous confère le titre d'enfant de Dieu), l'on le devient par la volonté de Dieu, par le sang de Jésus-Christ (Jea. 1.11-13). Crois au Seigneur Jésus et tu seras sauvé (I Jea. 5.9-13).

Sauvé, l'on devient client d'une banque que j'appelle *banque céleste de la croix*. Sauvé, il nous reste de croître pour atteindre la maturité en Christ et cela passe par la fidélité à la Parole de Dieu.

J'ai déjà pris le soin de le dire, ces notes relatives à l'enseignement du patriarche que je viens de transcrire, ont été prises dans un cahier d'écolier que j'avais soigneusement gardé dans mes archives. Vous vous rendez certainement compte, autant que moi, qu'il manque cruellement à ce texte sa voix de stentor ou son gestuel inimitable, mais la profondeur de sa pensée sur la personne de Christ y est. C'est pourquoi il m'importe de le faire remarquer avant d'en venir au mot de la fin.

Le mot de la fin

René Daïdanso vient d'entrer dans l'histoire en tant qu'ancêtre de l'avenir. Je mets, par ce texte, ma brique sur le grand chantier que la mort de notre patriarche ouvre devant nous, à savoir, faire connaître et mettre à la disposition des plus jeunes ses œuvres et son combat en faveur d'un Évangile authentique libéré des miasmes qui l'entourent facilement aujourd'hui en Afrique. Ce n'est qu'en faisant un tel travail que nous nous démarquerons des traditionnels éloges funèbres qui souvent ne durent que le temps d'un discours.

Ce n'est qu'après avoir fait ce travail que nous pourrons donner à notre patriarche, la capacité de devenir pour les jeunes ce que Jean Ziegler a appelé *un ancêtre de l'avenir*, c'est-à-dire une personne qui n'est plus, mais qui par sa perspicacité, son éthique de vie et ses combats, permet aux survivants de tracer des perspectives d'avenir et de donner sens et significations à leur lutte quotidienne.

Lors de notre dernière rencontre, quelques mois avant sa maladie, je lui faisais remarquer qu'il paraissait un peu fatigué et qu'il lui fallait du repos. Il me répondait alors et avec beaucoup de vigueur que le vrai repos sera au ciel. Maintenant qu'il est entré dans le repos de Dieu, continuons le combat jusqu'au jour sans fin où nous chanterons avec lui l'hymne éternel de tous les rachetés.

Tchumtchoua Emmanuel
Chef de Département Histoire, Université de Douala (Cameroun)
Président du Conseil Spirituel National du GBEEC (2009-2012)

Apôtre noir à la barbe blanche

En mémoire d'un homme très cher.

Qui personnellement m'a aimé et positivement influencé.

René, Apôtre de Jésus-Christ et notre Grand-frère,
En Afrique, au Tchad, et dans le ministère ;
Nous a toujours, et dans tous les pays,
Enseignés par le verbe et surtout par Sa vie.
Daïdanso, Pasteur-docteur émérite et oint, a cette exhortation partout semée :
A*imons Dieu de tout notre cœur, de toute notre âme et de toute notre pensée.*
Immortel premier et plus grand divin commandement.
Docteur Daïdanso, Ancien et Prophète équilibré, partout diffusait également :
A*imons notre prochain comme nous-mêmes, sœurs et frères ;*
N*on exclusivement ceux de l'intérieur,*
S*urtout nos ennemis et les perdus : près de nous et aux extrémités de la terre.*
Ouvrier avec Dieu et infatigable globe-trotter…

Toute sa vie,
Il a imité le Maître.
Modèle pour tous,
Motivation pour ma vie.

Ezoua Pierre
Homme de lettres et de cultures
Pasteur à Tunis, Tunisie
Secrétaire itinérant des GBUAF (2002-2009)

L'HOMME, UN MOTIVATEUR INFLUENT

Ce jour là, un semblant de querelle amicale a failli naître entre le patriarche Daïdanso qui permettait qu'on l'appelle sans gène René, et moi, ce vermisseau de disciple à ses pieds. Quelle témérité, que dis-je, quelle audace ? Mais d'où me sont venues cette audace et cette hardiesse ? L'une et l'autre me sont venues de lui-même ; lui qui encourageait ses collaborateurs au dialogue à cœur ouvert car, disait-il, *nous dérivons des Assemblées des Frères et la collégialité est notre principe.*

Sur une question qui me hantait des années durant, je pris mon courage à deux mains et je décidai d'affronter le *dinosaure*. C'était un après midi du mois de novembre 2000. L'occasion était prestigieuse et l'homme disposé. Je l'abordai donc sans détour au sujet de la Campagne d'Évangélisation Systématique *Tchad pour Christ* (CES-TPC[29]) qu'il a conçue et dirigée personnellement jusqu'en ce jour où cet inégal combat devait s'engager.

L'amical combat inégal

-Pasteur, voici bientôt huit ans que nous sillonnons préfectures et sous préfectures, cantons et villages. Je ne sais pas si nous ménagerons un jour une halte, pour suivre et évaluer les efforts jusqu'ici consentis. J'ai encore en mémoire le thème de l'une de nos Assemblées Générales : *Nos acquis doivent être gardés et protégés* !

Allant plus loin, je lui rappelai comment l'apôtre Paul, après campagnes et implantation d'églises, prenait l'habitude de retourner lui-

---

[29] TPC en devient finalement le terme générique.

même sur ses traces ou par Timothée et Tite interposés, pour mettre en ordre ce qu'ils ont commencé ; autrement, suivre et évaluer les résultats de leurs actions apostoliques. Je m'enquis de savoir si nous ne pouvions pas faire comme eux. Comme je lui faisais cette observation pour la troisième fois en trois ans consécutifs, il décida cette fois-ci d'y apporter une réponse à la taille de l'insistance.

-Tu fais bien de me parler chaque année de l'apôtre Paul et sa stratégie d'évangélisation et d'implantation d'églises ainsi que celle de leur suivi-évaluation. Mais tu m'aiderais encore mieux si tu me parlais aussi de sa méthode de collaboration avec les autres apôtres pour les actions auxquelles tu fais toujours allusion. Tu connais Paul autant que moi, sinon mieux, parce que chaque année tu te prépares pour me parler de lui. Alors dis-moi : Qu'a-t-il répondu à ses propres disciples et à ceux d'Apollos qui disputaient entre eux au sujet de cette mission de Matthieu 28.19-20 et de la supériorité de lui Paul sur Apollos ou de ce dernier sur Paul ? Ne leur a-t-il pas dit : Apollos et moi ne sommes que des ouvriers inutiles? Que si l'un sème, l'autre arrose ? Que celui qui sème n'est pas plus grand que celui qui arrose ? Et que celui qui arrose n'est pas plus grand que celui qui sème ? Ne leur a-t-il pas dit qu'en agissant ainsi, l'un et l'autre recevront la même récompense ?

Quoi de plus claire que cette réponse ? La clarté et la précision de cette simple réponse me faisaient imaginer les attitudes de ces deux groupes de disciples et leurs réactions face à face devant Paul. Souriant, mais un peu ironique sur le bord, le pasteur poursuivit calmement sa leçon.

-Dans ce projet Tchad pour Christ, j'ai choisi ma part : c'est de semer l'Évangile sur les 1.284.000 km² de champ de Dieu dans ce territoire appelé Tchad. Tant que le Seigneur me laissera en vie je m'assumerai. Mais qu'attends-tu pour arroser ce que j'ai semé depuis tout ce temps ? Que te manque t-il et qu'attendez-vous, toi et ceux qui pensent comme toi ? De qui attendez-vous des ordres pour rassembler, pour former et pour édifier ceux qui viennent à Christ par ma prédication ?

Puis, patiemment, il m'entraîna dans le creux de sa vision. Mon entendement s'ouvrit comme par enchantement. Des idées qui vont s'avérer plus tard fortement fertiles commençaient à remplir ma tête. Je me vis en train de dialoguer avec certains pasteurs sur les principes de suivi et d'évaluation de ce noble projet de semence, d'arrosage et de récolte.

La conversation que j'avais eue avec René doit rappeler à tous ceux qui le connaissaient son andragogie et sa méthode de persuasion, lorsqu'il s'agissait de défier un collaborateur véreux et audacieux. Cette grande leçon m'a lancé sur la piste d'une réflexion pour une action concrète aux côtés de ce grand mentor. J'entrepris alors de concevoir un document pour galvaniser les autres évangélistes dans ce travail de suite.

Le document pour le travail de suite

Je revins un an plus tard vers René avec le brouillon d'une brochure intitulée : *Comment préparer, organiser, suivre et évaluer une campagne d'évangélisation* ? Il le prit de ma main avec joie et vivacité. Après avoir lu le titre et parcouru la table des matières avec une volupté qui transparaissait dans son sourire, il me dit en clignant de l'œil : *Tu m'as bien compris ; maintenant, va et rassemble les autres pour suivre et évaluer nos campagnes d'évangélisation, pour former les nouveaux convertis ou pour affermir les repentants afin d'en faire des disciples. Vous aurez le même denier que moi à la fin de la journée.*

Je lui souriais honteusement et promis de le faire une fois le document finalisé. Merci pasteur, lui disais-je. J'attends donc vos remarques et suggestions pour finaliser la brochure. Nous nous serrâmes les mains vigoureusement en riant aux éclats, puis je repris le chemin de ma maison.

Fier de ce qui venait de se passer et que je considère comme un exploit, je m'empressai de raconter l'événement à ma femme : nous venons d'avoir, René et moi, une âpre discussion au sujet de TPC. Sans attendre la fin du récit, mon épouse écarquillait les yeux et rétorqua vivement : *Je t'ai toujours dit de faire attention avec ces grandes personnes. Elles sont tes ainées et tu leur dois du respect. Beaucoup de gens observent les mêmes choses que toi ; pourquoi tu dois être le seul à leur faire des remarques désobligeantes ? Pourquoi c'est toujours toi qui dois leur adresser des paroles dures au sujet de ce qu'elles font ?*

Puis elle se tut pour écouter la suite. A la fin de mon récit, elle m'encouragea malgré tout à aller avec René jusqu'au bout, en me conseillant de le faire avec le respect dû à son rang. Je le lui en avais promis.

L'année d'après, je publiais l'ouvrage. C'est René lui-même qui l'a préfacé. Il a fini cette préface en ces termes : *Tous ceux qui sont engagés dans le travail de suivi trouveront dans ce document des enseignements précieux, des informations précises et des indications pratiques. Pour notre part, nous recommandons chaleureusement cet ouvrage à tous ceux qui s'intéressent à l'affermissement des nouveaux convertis à la foi chrétienne, à la formation des disciples du Christ et à l'enseignement des chrétiens, en vue de leur croissance et leur marche spirituelles.*

Une autre année plus tard, il inaugura l'ouvrage lors de la formation de plus de 1 000 évangélistes, en vue d'une nouvelle campagne d'évangélisation vers le nord de notre pays, une zone considérée comme le fief de l'Islam et donc très hostile à l'Évangile de Christ.

De cette histoire, je tire vraiment beaucoup de leçons sur le principe de leadership organisationnel dont la patience, l'humilité, la motivation, le reproche dans l'amour et la ténacité, entre autres.

La patience

Parmi les caractéristiques les plus importantes des leaders connus comme motivateurs, figure la patience. C'est un élément du fruit de l'Esprit. Nous savons du reste que les motivateurs, quoique de temps à autres irritables, égocentriques, contestataires, et parfois manipulateurs et bavards, ils sont reconnus comme étant très entraînants et enthousiastes, expressifs et aimant les contacts[30] ouverts. S'étant servi de toutes ces qualités, René a su me rapprocher de lui et me motiver sagement à aller plus loin que je ne pensais.

Loin de me repousser avec mes questions incessantes, il prit au sérieux ma préoccupation. Certainement dans la prière et la méditation, il a préparé une instructive réponse pleine d'orientations pour m'aider. Ces réponses déclenchèrent en moi une pressante envie d'écrire, pour aider les autres membres de l'Église, notamment les évangélistes aux

[30] J. ANGEL, *Rendre la force humaine productrice*, Development Associates International, 2001, p.287.

fins des suivis et évaluations d'une part, et au rassemblement des âmes gagnées à Christ par la prédication de ceux que René déployaient sur le terrain d'autre part. Or, dans la qualité de ses réponses transparaissait aussi l'humilité.

L'humilité

L'humilité consiste à être simple, modeste, respectueux et soumis à l'autorité de Dieu qui élève. L'humilité est rare dans notre monde où chacun s'efforce d'exhiber ce qu'il a et ce qu'il est[31]...

Erudit dans l'enseignement de la Parole et dans la formation des serviteurs, ce mastodonte de l'évangélisation s'était rabaissé jusqu'à cette brochure dont il s'était servi le premier. Il l'a employée pour parler à des serviteurs qui ont fait leurs preuves des années durant dans la préparation, l'organisation, le suivi et l'évaluation des campagnes d'évangélisation. C'était une démonstration de force spirituelle qu'un serviteur non véritablement appelé ne pouvait réussir à faire. Ce qui précède me confirme ce que René se plaisait à dire à tout venant : *Certaines personnes répondent aux appels que Dieu adresse à d'autres.* C'est donc vrai que l'humilité précède la gloire (Pro. 15.33b). Revêtu de cette humilité, l'homme savait tout à fait bien quand et comment manier l'arme de la motivation.

La motivation

Par cette approche qui vise l'essentiel, le pasteur a su me motiver et me pousser à l'action dont le bénéfice s'en est allé à des dizaines voire des centaines de serviteurs de Dieu dans l'accomplissement efficace et efficient de leur mission, celle d'aller par tout le monde et prêcher la Bonne Nouvelle du royaume des cieux (*cf.* Mar. 16.15-16).

L'Afrique, à cette heure de dépravation des valeurs et de délectation de l'inconduite, a besoin des leaders de la trempe de ce serviteur de Dieu hors pair, dont l'attitude façonnait les cœurs et les esprits de manière

---

[31] M. DORICHAMOU, In Le Lecteur de la Bible, édition 2014, (12 septembre), p. 105.

pratique. L'Afrique d'aujourd'hui a besoin des téméraires qui motivent par leur vie, par leur engagement et par leur dévouement, afin de la sortir des gouffres de tous les maux dont elle est minée et taxée. Un grand penseur disait : *Notre attitude, mieux que notre aptitude, détermine notre altitude.* Patience, humilité et capacité de mobilisation, voilà ce que l'Afrique et singulièrement l'Église au Tchad attendent de leurs leaders qui doivent se montrer sel de la terre et lumière de ce monde immonde, où c'est si rarissime de faire des reproches dans l'amour.

Le reproche dans l'amour

L'occasion de ce présent article m'a permis de jeter un regard global sur ce grand homme de Dieu. J'ai découvert en lui d'autres valeurs chrétiennes qui découlaient non seulement de ses enseignements, mais aussi de sa vie éthique et morale, basée sur sa foi et son engagement à servir le Seigneur : la loyauté et la fidélité dans ses convictions évangéliques.

Le désir de paraître grand dans le royaume des cieux doit être le leitmotiv et la boussole qui orientent chaque enfant de Dieu. Que la transparence dans le dépouillement du vieil homme en soit la mesure. Voici qui tranche avec l'Évangile de l'amour béat de Dieu qui pardonne tout, qui excuse tout, selon le courant théologique de certains prédicateurs. Dieu est un feu dévorant, un Dieu jaloux qui ne cohabite pas avec le péché. C'est pourquoi René avait l'habitude de dire : *Je ne suis pas prêt à aider les hommes à aller en enfer*. Sachant professer la vérité dans l'amour, motivant parfois à la limite du *harcèlement*, il avait su me mettre au bénéfice de ses riches enseignements, pour m'avoir donné le privilège de cheminer plus de dix sept ans avec lui, tantôt comme membre du Comité National des Assemblées Chrétiennes au Tchad (ACT), tantôt comme collaborateur dans l'annonce de la Parole de Dieu pendant les campagnes d'évangélisation.

Ainsi, tranchant comme glaive de mercenaire, l'éthique *adulée* de René se servait rarement du dos de la cuillère pour *enseigner, instruire et corriger*. Il apparaît donc plus aisé pour quiconque le connaissait un peu, de comprendre pourquoi il aimait les lettres de Paul. C'est aussi pourquoi il apparaissait pour quelques-uns comme un conservateur, et pour d'autres, à la limite, comme un *intégriste éclairé*. Craint, il le sentait, mais rigide, il demeurait envers et contre tous sur des valeurs non négociables de l'Évangile. N'est-il pas écrit : *Que votre parole soit oui, oui ; non, non...* ? (Mat. 5.37). Cela, beaucoup de ses collaborateurs l'ont appris à leurs dépens, car pour René, *avec ou sans eux, tout doit aller.*

L'Évangile doit être enseigné dans toute sa pureté et dans toute son intégralité. Les contextes ne doivent en rien l'altérer. Ils (les contextes) doivent plutôt être vus et compris au travers des lunettes de l'Évangile. Tels furent les enseignements reçus qui, pour lui, demeuraient le fondement de la vérité en Jésus-Christ. On comprend aisément pourquoi il a été plusieurs fois Président des ACT, dont le thème d'une des Assemblées Générales était : *Conservons nos acquis et faisons encore mieux*, donnant ainsi comme une preuve de la ténacité.

La ténacité

C'est parfois à raison que certains de ses collègues l'appelaient *Bulldozer*. Qui pouvait freiner René dans la mise en œuvre d'une idée dont il avait la conviction ? Qui pouvait le restreindre et le comprimer dans un carcan à loisir ? *Avec ou sans vous, tout le Tchad sera évangélisé.* Il l'avait dit et il l'avait fait. Le Seigneur lui fit grâce d'apporter *tout l'Évangile au Tchad tout entier*, thème semblable à celui de la rencontre de Manille 1989[32] dont il fut l'un des organisateurs.

L'Église du Christ est aux abois. Elle est savamment persécutée jusques dans son retranchement par les médias, les politiques et autres théologiens véreux qui accompagnent les puissants dirigeants de ce monde dans le travestissement de la vérité. C'est en ce moment le plus crucial que Dieu décida de stopper la marche progressiste de René par cette maladie qui lui enleva tout pouvoir d'action et le mena à la mort. Chaque époque a son Job et René en était un pour le Tchad. On va dire : *L'Éternel a donné, et l'Éternel a ôté ; que le nom de l'Éternel soit béni* (Job 1.21b), pour en venir au mot de la fin !

[32] *Que toute l'Église apporte Tout l'Évangile au Monde Tout entier.*

Le mot de la fin

Les voies et les pensées de Dieu ne sont pas les nôtres (*cf.* Esa. 55.8). Bien des prophètes ont souvent posé à Dieu la question *pourquoi* dont la réponse n'a pas été toujours satisfaisante. La preuve est que Dieu a plutôt dit à Jérémie : *Un vase peut-il contester avec son potier ?* (Esa. 45.9). Comment comprendre que le Seigneur dise à Paul que sa grâce lui suffise quand celui-ci a besoin de guérison ? Ce serviteur si zélé qui n'a d'autres préoccupations que d'amener toute pensée captive à l'obéissance au Christ (*cf.* 2 Cor. 10.5b) n'a pu que se contenter de cette parole : *Ma grâce te suffit* (2 Cor. 12.9). Nous ne pouvons que nous résoudre à cette déclaration de Dieu : *Les choses cachées sont à Dieu, les choses révélées sont à nous et à nos enfants*… (Deu. 29.29).

La vie de René demeure comme un livre ouvert. Certaines de ses pages nécessitent pour chacun une adaptation à sa propre condition. Savoir mourir dans la mort des autres est le seul moyen de comprendre la souffrance humaine. Telle est ma devise et mon souhait pour tous ceux qui liront ces lignes.

Monelmbaye Djimadoumadje Doumkel
Coordonnateur du Groupe Pédagogique de Recherche Appliquée,
de Consultation et d'Insertion Sociale au Tchad
Ancien en charge du Ministère de Louange et Dévotion
à l'Assemblée Chrétienne *La Bonne Nouvelle*
Membre du Comité National des ACT (2006-2010)

UN HOMME DE DIEU, INNOVATEUR ET IMPACTEUR

J'ai seulement connu l'homme de Dieu en décembre 1993. Il était à ce moment-là Président de la campagne d'évangélisation *Fianga pour Christ* et moi son Trésorier. Depuis cette date, les contacts se sont multipliés dans et en dehors de ce cadre, au point où il finit par ne plus m'appeler Trésorier Farsia mais Farcha[33], et moi de l'appeler simplement Pasteur et d'appeler sa femme Martine Présidente.

Que faut-il retenir de l'homme ? C'était un homme de Dieu qui savait rassembler et canaliser ses compatriotes vers la connaissance profonde du Dieu vivant et vrai. Mais il était surtout un homme de Dieu innovateur, ouvrant la voie à une synergie au sein du peuple de Dieu ; un homme de Dieu *impacteur*[34] de ses semblables pour une capitalisation des ressources déployées au service du Christ et de son Évangile. Ce sont ces qualités d'homme de Dieu innovateur et *impacteur* que nous allons découvrir à travers ces lignes.

Un homme de Dieu innovateur

L'Entente des Églises et Missions Evangéliques au Tchad (EEMET), à travers son organe qu'est le Service d'Évangélisation et de Mission de l'Entente (SEME), organisait de grandes réunions d'évangélisation dans des grandes villes. Alors Dieu inspira ses enfants à mieux innover dans le seul but d'accomplir son dessein. Ainsi, en 1992, une idée traversa le

[33] Nom d'un quartier de la périphérie ouest de N'Djamena.

[34] « Impacteur » est un néologisme qui s'insère irrésistiblement dans le langage courant et aura sa place dans le langage soutenu. L'impacteur marque de son empreinte le public comme une balle marque sa cible.

Pasteur David Dadna de l'Assemblée Chrétienne du quartier Moursal dans la ville de N'Djamena, à aller avec son église locale évangéliser le canton Mouta où on parle Tupuri, sa langue maternelle. L'idée fut partagée à Daïdanso qui apporta une contribution décisive à ladite campagne. Elle fut alors élargie en 1993 aux 5 autres cantons[35] restants de la sous-préfecture de Fianga, et placée sous l'autorité de l'EEMET. Cette contribution révéla deux aspects qui marquèrent durablement la vie des églises au Tchad.

Le premier aspect fut la systématisation des villages et des villes du Tchad à *entendre* l'Évangile et ce, à la manière de Jésus Christ : *Jésus allait de ville en ville et de village en village proclamant et annonçant la Bonne Nouvelle* (Luc 8.1). Daïdanso disait souvent au cours des formations qu'il animait, que l'idée de la Campagne d'Évangélisation Systématique (CES) prit sa source dans la Bible qui donne un Ordre Suprême : *Allez par tout le monde, et prêchez la bonne nouvelle à toute la création* (Mar. 16.15 ; Mat. 28.19 ; Luc 24.47 ; Jea. 20.21 ; Act. 1.8).

En respectant cet ordre, 172 villages de Fianga ont été évangélisés en une seule semaine. Quinze années durant (1993 à 2007), entre le 25 et le 31 décembre, des évangélistes de l'EEMET et certains missionnaires expatriés ont parcouru le pays. Daïdanso, Président de ces campagnes, qualifiait différemment leurs parcours selon les périodes et les zones traversées : Campagne *Normale* (circonstances favorables), Campagne *Noël spécial* (circonstances hostiles), Campagne *Décentralisée* (périodes de démobilisation des églises engagées), Campagne *Grimpée* (circonstances particulièrement difficiles dans l'exécution), Campagne *Miracle* (le Nord-est, zone de combats violents entre forces gouvernementales et rebelles à l'époque des faits).

L'on retient que du nord au sud et de l'est à l'ouest, des villages et des villes ont été systématiquement sillonnés et évangélisés. Leur nombre variait chaque année d'une campagne d'évangélisation à l'autre. Il en était de même des évangélistes déployés à cet effet. Ils étaient des Tchadiens et autres, du Tchad et d'ailleurs, de différentes dénominations évangéliques. De nombreuses personnes ont fait profession de foi et ont par la suite intégré des églises locales de la place et de leur choix.

---

[35] Kéra, Hollom, Gamé, Youé et Tikem.

D'autres sont revenues à leur premier amour et ont retrouvé leur place dans le cœur de Dieu et au milieu des frères et sœurs en Christ.

Il convient donc de réaffirmer avec le dernier couplet du cantique *Semons dès l'aurore* qui dit : *La tâche est immense et dur le terrain. Mais, bonne espérance ! Nul travail n'est vain : de Dieu la puissance fait germer le grain.* Peut-être faut-il même chanter tout le cantique à la louange de la gloire de Dieu !

Daïdanso avait voulu expérimenter l'actualité et la réalité du miracle de Dieu, en autorisant cette dernière étape dans la région du Tibesti très montagneuse, désertique et en proie à des conflits militaires ouverts. Il fit partir d'avance le pasteur Haouna Osée, à la tête de 27 évangélistes, afin de fêter Noël 2007 dans la ville de Bardaï parmi les compatriotes autochtones, les autorités locales et les militaires chrétiens. Lui-même étant bloqué à Faya (ville la plus avancée) par manque de véhicule ou d'avion pouvant le transporter sur les lieux en compagnie d'autres évangélistes. Avec le petit nombre d'évangélistes qui mirent pied à Bardaï, la Parole du Seigneur y était néanmoins annoncée (I Sam. 14.6). Au culte d'action de grâces, le Président de TPC[36] déclara : « *Là où nous sommes aujourd'hui, nous avons parcouru le Tchad par le programme de TPC qui ne va pas s'arrêter mais prendra une autre forme.* Quelle est cette forme? La question reste ouverte aux évangélistes impactés appelés *soldats de Jésus Christ.*

Le deuxième aspect, non négligeable, est la dynamisation des structures locales de l'EEMET. Les dénominations au sein de l'EEMET provinciale ont commencé véritablement à vivre la pratique de l'Entente par des réunions, mais aussi des résolutions de leurs problèmes pendant le déroulement de TPC. L'idée d'intégrer ce programme au sein de SEME a rendu visible les structures locales de l'EEMET à travers l'exécution de ses principaux objectifs. Ce sont entre autres :

- *Faire entendre à tous les Tchadiens, une fois de leur vie, l'Évangile, correctement.* Donner à chacun l'occasion de dire oui ou non à l'appel de Dieu pour le salut en connaissance de cause. Pour ce faire, des méthodes combinées d'évangélisation ont été mises à contribution :

[36] Nom générique des Campagnes d'Évangélisation Systématique *Tchad pour Christ.*

faire le porte à porte des concessions, prendre contact avec des personnes rencontrées, projeter des films, distribuer de la littérature chrétienne, visiter des autorités, parler à la radio, etc. A la fin, disait modestement Daïdanso, *tout le Tchad sera évangélisé mais pas converti.*

- *Implanter des églises.* A la fin de chaque campagne, de nouvelles églises ont dû être créées. Toute dénomination engagée dans le processus de TPC a eu le loisir de rassembler les convertis pour en faire ses membres.
- *Fortifier les chrétiens à travers les enseignements.* Chaque chrétien formé devient un évangéliste permanent au marché, à l'école, au lieu de travail, etc. Des formations ont été développées dans ce sens sur la campagne d'évangélisation systématique, sur le discipulat, le travail de suite.
- *Rendre les églises locales missionnaires.* L'église locale inscrit intentionnellement dans son budget annuel un certain montant pour l'évangélisation à l'exemple de celle d'Antioche (Actes 13). L'église crée des églises.

Par la grâce de Dieu, ces objectifs progressivement réalisés ont impacté des chrétiens et sont autant de preuves que Daïdanso était un homme de Dieu *impacteur.*

Un homme de Dieu impacteur

Daïdanso a une manière de travailler : celle de se baser sur une équipe ou de vouloir impliquer systématiquement à l'action engagée un groupe de personnes afin qu'elle ait des traces. Je le saurais véritablement lorsqu'il a remercié solennellement les différents acteurs des campagnes d'évangélisation systématique de 1993 à 2007 au dernier culte d'action de grâces. En effet, depuis l'élargissement du programme au niveau de l'EEMET, il a fait des églises de N'Djamena *la base de TPC.* De temps à autre, il convoquait de sa plume les responsables à tous les niveaux pour des concertations en des termes clairs : *Tous les Pasteurs, les Anciens, les Diacres et les Diaconesses, les responsables des Jeunes, des Femmes et des*

Ecoles du Dimanche. A l'occasion, il ne laissait indifférent à la campagne, aucun corps constitué membre d'une église locale. A ces retrouvailles, il exposait la vision du Comité National de TPC, puis écoutait les points de vue des uns et des autres, ensuite il faisait la synthèse pour une décision de la direction à suivre pour la campagne en vue. Le consensus était activement recherché, pour une meilleure répercussion à la base des informations prises et leurs exécutions, pour des résultats concrets. Des exemples n'en manquaient pas et faisaient parler d'eux-mêmes.

De la contribution des églises de N'Djamena au budget de TPC. Chaque année le budget de la campagne d'évangélisation demeurait un souci constant. Des tentatives de solution furent proposées pour des contributions volontaires de chaque église locale, mais sans véritable succès. Alors Daïdanso décida de fixer une somme forfaitaire à verser annuellement par église locale de N'Djamena :

Église Évangélique du Tchad (EET) : 5 000 à 300 000 FCFA par église locale ;
Assemblées Chrétiennes au Tchad (ACT) : 10 000 à 300 000 FCFA par assemblée locale ;
Église Fraternelle Luthérienne au Tchad (EFLT) : 10 000 à 100 000 FCFA par paroisse.

Pour les contributions d'autres églises locales de l'Assemblée Évangélique au Tchad (AET), de l'Église Évangélique de l'Afrique Centrale au Tchad (EEACT), etc. des montants leur furent communiqués progressivement. A la grande satisfaction de tous, aucune contestation virulente ne fut notifiée au Président de TPC. Au contraire, les responsables adhérèrent massivement à la proposition et le résultat des collectes fut édifiant.

D'après les statistiques datant de janvier 1998, les contributions reçues au niveau de N'Djamena de soixante-seize églises locales[37] s'élevèrent à 2 874 290 FCFA et les dons individuels à 4 265 130 FCFA. Les dons des organisations para-ecclésiastiques comme la SIL, ASMAF, WEEK, MAF, TEAM, WORLD VISION, AILE, FUL GOSPEL, UET, CAEDESE, etc. basées à N'Djamena n'y figurent pas.

[37] ACT (30) : 1 675 410 FCFA, EET (35) : 1 011 170 FCFA, EFLT (11) : 187 710 FCFA.

L'impact de cette décision fait qu'aujourd'hui bon nombre d'églises locales inscrivent intentionnellement dans leur budget annuel un volet concernant l'évangélisation. Une autre forme de mobilisation de ressources pour TPC était l'opération *Un verre de riz.*

De l'opération *Un verre de riz.* En 1997, une grande formation des disciples devrait être organisée en sept jours pour 359 participants avec un budget colossal de 7 108 920 FCFA. Daïdanso lança l'opération *un verre de riz* par chrétien de N'Djamena. Cette opération avait un seul objectif : nourrir les séminaristes. Les chrétiens se mobilisèrent et en l'espace d'un mois, du 3 octobre au 18 novembre 1997, 18 sacs de riz décortiqué de 100 kilogrammes furent obtenus. Finalement, 129 séminaristes étaient nourris et formés, représentants 6 dénominations et 26 sous-préfectures sur 54 à l'époque. Le reste, 10 sacs de riz, étaient affectés à la prise en charge des évangélistes au nord du pays.

C'est une opération qui marque encore l'esprit de tout un chacun : apporter dans la maison de Dieu, rien que la quantité de denrée alimentaire demandée, c'est-à-dire un verre de riz ou sa valeur en monnaie. C'était une grande victoire sur les opposants à l'évangélisation et aussi un signe de témoignage d'amour entre chrétiens, comme avec l'opération *Achat d'un véhicule.*

De l'opération *Achat d'un véhicule.* Une année appelant une autre, les distances à parcourir entre les villages devenaient étirées et les évangélistes ne pouvaient plus couvrir un village par jour. Il fallait maintenant les *sédentariser*, c'est-à-dire les laisser vivre et partager l'Évangile sur place pendant six à sept jours. Le programme ne disposant pas des moyens de transport adapté, des voix s'élevèrent pour exiger l'élaboration des projets en faveur du financement de TPC et les soumettre à des bayeurs. Le Président Daïdanso y opposa un non catégorique. Car pour lui, *le projet tue l'initiative locale ; il permet d'importer l'argent d'ailleurs, mais le jour de bénédiction (du Seigneur), celle-ci sera exportée pour les donateurs.* Alors la solution trouvée était que chaque chrétien (petit comme grand) donne 1000 FCFA pour que le transport des évangélistes soit facilité. L'opération était ainsi lancée officiellement le 25 janvier 1998 à N'Djamena et couvrait tout le territoire du Tchad. Onze mois plus tard, une TOYOTA HILUX tout terrain d'une valeur de 9 000 000 de francs CFA fut acquise. Ce véhicule fut dénommé TPC 1. Progressivement, avec d'autres dons et contributions, deux autres véhicules furent acquis.

Ce sont : TPC 2 (PICKUP-TOYOTA ou KIRTI-MAÏ-ARGAB) et TBET[38] ou TPC 3 (TOYOTA LAND CRUISER). Mais ce n'est pas tout. On note également comme expérience testée, l'opération *Aidez-nous à vous aider.*

De l'opération *Aidez nous à vous aider.* Le 22 février 1998, à la réunion des responsables des Églises de N'Djamena, le projet *Association des Évangéliques d'Afrique* (AEA) dont la situation financière était entre temps déplorable fut également lancé. Encore une fois, chaque chrétien fut vivement interpellé à faire un don en espèce ou en nature, selon ses capacités, d'une valeur fixée dans une grille de souscription allant de 10 dollars (6 000 FCFA) pour la première catégorie à 200 dollars (120 000 FCFA) pour la sixième et dernière catégorie. Le résultat attendu était réparti à concurrence de trente pour cent à l'EEMET et de soixante-dix pour cent à l'AEA. C'est pour cette raison que le projet a été dénommé *Aidez-nous à vous aider.*

Le bilan, sur un total de 1925 volontaires chrétiens attendus pour contribution, on enregistra 90 des ACT, 40 de l'EET et 3 de l'EFLT, soit un taux de participation de sept pour cent. Cette opération n'a pas connu autant d'engouement que les précédentes. L'une des raisons avancée était la méconnaissance de l'AEA et de ses actions dans le quotidien des évangéliques tchadiens.

Ces différentes opérations ont permis de mobiliser des ressources nécessaires à l'organisation des campagnes d'évangélisation systématique avec les résultats qu'on connaît. On sait tout à fait bien qu'une chose est d'évangéliser, mais une autre est de faire le travail de suite.

Du travail de suite. Les Églises du Tchad furent préparées à faire le travail de suite, mais cela s'était traduit difficilement sur le terrain. TPC avait exploité deux pistes : le premier travail de suite (de 1993 à 1998) était laissé aux églises locales qui affermirent tant bien que mal les âmes revenues au Seigneur. Ayant le souci constant des âmes retrouvées pour le Seigneur, Daïdanso (de 1999 à 2007) mit en place une autre stratégie : laisser un évangéliste missionnaire dans une localité évangélisée et estimée stratégique. L'évangéliste missionnaire était entièrement pris en charge par TPC pendant une période de trois mois ; et par la suite,

[38] Tchad –Borkou Ennedi Tibesti, le Grand Nord.

sa dénomination prit le relai jusqu'à ce qu'une église locale en vienne à être implantée (voir tableau N° 3).

En 1999, on dénombra au total quinze évangélistes missionnaires dont sept des ACT à Liwa, Dirbini/Bokoro, Koulsi/Dourbali, Mani, Dougdoug/Bousso, Doumdoum/Bousso et Matabono/Bousso, trois de l'EET à Oum-Hadjer, Gama et Dourbali, quatre de l'EFLT à Ati, Massaguet, Lagui et Godogo, un de l'EEACT à Dourbali.

Aujourd'hui, les églises de N'Djamena organisent des campagnes d'évangélisation de façon sectorielle dans les provinces et aux environs de N'Djamena. C'est une appropriation ou une forme améliorée de TPC. Certains chrétiens en sont donc venus à s'accrocher à l'évangélisation systématique. Dans la communauté EFLT du quartier Grédia où je vis ma foi, de la seule paroisse en 1993, on en est venu en 15 ans à établir trois autres paroisses (Atrone 1, Walia 3, Walia 5) et trois annexes (Jardin d'essai, Koundoul, Ndingangali). D'autres communautés sœurs s'élargissent l'espace de leurs tentes un peu plus à N'Djamena et ailleurs. Par ailleurs, on note que d'autres Églises qu'il est difficile de quantifier se sont spécialisées dans le soutien des missionnaires partout dans le pays.

Il est tout de même honnête de reconnaître avec l'humilité requise, la grandeur de cet homme dont il a plu à Dieu de s'en servir pleinement, pour le bien-être spirituel des êtres humains au Tchad et ailleurs.

Farsia Korme Nemsou
Vice-Doyen chargé des enseignements à la Faculté des Sciences de l'Éducation (Université) de N'Djamena
Président du Groupe Grédia (Consistoire EFLT N'Djamena)
Ancien de l'Église (EFLT) Atrone 1, N'Djamena

SUR LES TRACES DE SON SEIGNEUR

Qui pouvait penser que le pasteur Daïdanso était capable d'un spectacle aussi stupéfiant ? Le premier choc que j'ai reçu face aux actions de Daïdanso était survenu pendant un camp national de l'Union des Jeunes Chrétiens (UJC), tenu du 20 au 27 juillet 1976 à Béré, dans le sud du Tchad. Selon les principes démocratiques de l'UJC, nous avions, sans discrimination, mis les orateurs au service de table. Daïdanso était de service un de ces jours pour le repas de midi. Les mets devaient être transportés de la cuisine à un grand hangar qui servait de salle à manger. A ma grande surprise, le voilà avec un grand bassin rempli de *boules* sur sa tête, marchant gaillardement en direction du grand hangar. Et la question que je m'étais posée était typique des Tchadiens, et en particulier ceux des groupes ethniques de la région méridionale : comment nous sommes-nous arrangés à laisser le pasteur Daïdanso transporter la nourriture sur sa tête? Dans nos coutumes, on s'attendrait à ce qu'une fille puisse faire ce travail ; et dans le pire de cas, un jeune homme devrait se charger de ce transport de nourriture. Le seul sentiment qui prévalait en ce moment-là était celui d'un échec cuisant, d'une sorte de défaillance inexcusable dans l'exercice de mes responsabilités de dirigeant national de l'UJC. Pourquoi avait-il agi de la sorte ? Pourquoi n'avait-il pas demandé à un jeune homme, de l'aider à transporter la nourriture, d'une façon un peu plus honorable ? Je me demandais si c'était de façon intentionnelle qu'il donnait cet exemple de service et d'humilité. Mais non, ce n'était pas pour un spectacle, c'était simplement Daïdanso, serviteur de Jésus-Christ. Par ce geste, le premier Tchadien diplômé de Vaux-sur-Seine (France) venait de réduire en poudres, dans ma conscience et dans ma vision du monde, l'une des grandes idoles des Tchadiens, et peut-être des peuples de la bande sahélienne : l'honneur.

L'honneur n'était pas à l'honneur

Ce drame qui, pour moi, fut spectaculaire au camp de Béré a déclenché en moi, pendant les années qui l'ont suivi, une curiosité et un intérêt particulier pour la personne de Daïdanso. Etait-ce là le secret de son succès dans le ministère pastoral ? Comment a-t-il pu naviguer et servir Dieu au Tchad où les considérations ethniques ou claniques influencent bien des décisions gouvernementales, administratives et politiques, et même ecclésiastiques ? Daïdanso constituait en soi une classe à part : impossible de le confiner dans un moule aux contours professionnels bien définis. Il était capable de s'abaisser au niveau de ceux qui n'avaient pas le privilège des études universitaires, et il pouvait raisonner avec ceux qui s'appuyaient sur la connaissance et la sagesse humaines pour défendre leurs positions philosophiques, politiques ou religieuses. Décidément, l'honneur n'était pas sa préoccupation personnelle et ne dictait ni sa conduite, ni ses rapports avec les autres. Graduellement, je commençais à comprendre que ce grand frère était imbu de quelque chose de spécifiquement évangélique : l'abaissement de Jésus-Christ dans son incarnation avec toutes les limites humaines et l'expérience des vicissitudes de la vie terrestre. Comme son Seigneur, Daïdanso avait, sciemment ou non, montré à bien d'entre nous qu'il était un homme libre : libre des traditions avec leurs tabous, libre de servir même les plus jeunes et les plus petits que lui. J'ai dû en apprendre la leçon tout au long d'une journée pastorale passée en sa compagnie.

La leçon d'une journée pastorale

Il a fallu une journée pastorale avec Daïdanso pour mettre un terme aux critiques bien souvent acerbes que je ne cessais de formuler, pendant mes dernières années au lycée, à l'endroit de nos responsables d'église. Il était difficile de discerner si cette journée pastorale résultait d'un plan bien établi ou d'une simple coïncidence : l'occasion pour Daïdanso de me prendre à l'improviste dans sa voiture pour une journée en sa compagnie. A l'époque, il n'y avait pas de téléphone au local et bureau national de l'UJC du Tchad, où j'habitais en compagnie de deux autres frères dans la foi. Même si l'usage de téléphone avait été une pratique commune pour arranger une *promenade* ou une randonnée, la pensée qu'un dirigeant d'Église ait sollicité l'accord d'un jeune homme, pour l'accompagner dans ses activités pastorales, était culturellement inconcevable. Subséquemment, nous n'avons jamais discuté de son objectif de m'associer à ses activités de cette journée-là, probablement routinière pour Daïdanso, mais bien spéciale pour moi. Cependant, cette exposition aux différentes circonstances, qui ont marqué la journée, a été pour moi une révélation : discussion avec les responsables du collège évangélique, long entretien avec un homme qui cherchait des conseils pour un besoin personnel, succession de séances improvisées de cure d'âme ici et là, et Daïdanso prenait son temps avec chaque personne qui réclamait son attention. Lorsque nous étions arrivés chez lui, mon exaspération a crû d'un degré à la vue d'une rangée d'hommes qui l'attendaient, chacun avec ses propres besoins et préoccupations. Naturellement, tous ceux-là qui étaient présents au début de l'après-midi étaient de facto invités à déjeuner. Comment nourrir ces hommes tous sérieux et patients ? Mangerions-nous à notre faim ? Et qui oserait poser de telles questions ? A ma grande surprise, j'ai mangé à satiété, et je pouvais imaginer que les autres visiteurs avaient, eux aussi, mangé à leur faim. Incroyable! Quelque peu confus après le repas, j'ai décidé de couper court mon temps avec Daïdanso. Je ne lui ai pas demandé la permission d'interrompre ma *promenade pastorale*, mais il m'a vu partir. Et cela sans interrogation, sans condamnation, sans reproche.

Rien ne pouvait remplacer cette expérience spéciale avec Daïdanso. Il m'était difficile, avant cette journée-là, de concevoir que les critiques que je formulais à l'endroit des aînés, et particulièrement des responsables d'Église, manquaient de grâce et reflétaient une connaissance plutôt superficielle de mes pasteurs. Est-ce bien le message que Daïdanso voulait me communiquer ? Pourquoi moi, et quel était vraiment son objectif ? Ce serait risqué de répondre avec beaucoup de certitude. Cependant, on peut oser dire que Daïdanso était un observateur, serviteur fidèle et un imitateur du Seigneur Jésus-Christ qui s'est entouré de douze hommes pendant son ministère terrestre. C'étaient tous des hommes aux ambitions personnelles et visées nationalistes variées, sceptiques à bien des égards, lents à comprendre la mission du Maître. Il y en avait qui allaient le trahir ou le renier. Connaissant le cœur de chacun d'entre eux, il les a néanmoins choisis pour être avec lui, et cela après une longue nuit de prière. Selon l'apôtre Jean, il les a aimés jusqu'au bout. J'étais, comme bien des disciples, plein de passion mais manquant de discernement, et lent à saisir les vérités spirituelles et éternelles à travers un visage humain. Daïdanso n'avait pas attendu que j'atteigne un certain seuil de sagesse pour investir en moi. L'homme était d'une signature remarquable et tout à fait personnelle.

La signature personnelle de l'homme

S'il y a un domaine où Daïdanso était intriguant et imprévisible, c'est dans la prédication de la Parole de Dieu, la présentation du message biblique, soit dans un contexte de petits groupes ou d'une grande assemblée. L'intarissable richesse des Écritures semble trouver son expression dans l'habileté de Daïdanso de faire des connections insoupçonnées. Ce qui intriguait certains d'entre nous, c'était le temps qu'il a pu trouver pour préparer ses messages. Comment avait-il pu trouver quelque chose de spécial à dire d'un texte biblique connu de tous ? Et le comble, c'est que de mon temps, les messages qu'il donnait tenaient dans le quart de page d'une feuille ordinaire : il n'avait pas besoin de rédiger son message comme le faisaient la plupart des prédicateurs. Il est vrai que le Seigneur lui a accordé une mémoire extraordinaire, et une maîtrise des langues anciennes qui lui permettait de disséquer les textes bibliques avec aisance. Cependant, attribuer l'autorité qu'il avait dans l'enseignement et la prédication de la Parole de Dieu à son intelligence exceptionnelle, n'est pas une explication satisfaisante. Il y avait bien de Tchadiens aussi intelligents que lui ; quel était son secret? Comment pouvait-il enseigner avec tant d'autorité et d'assurance ? A l'écouter attentivement, on discernait qu'il y avait en lui une ferme résolution de rester fidèle au message biblique, et un souci de contextualisation pour ses auditeurs contemporains. Cette combinaison bien équilibrée de fidélité biblique, de passion pour la Parole, et de véritable joie de proclamer la Bonne Nouvelle de Jésus-Christ ponctuait ses sermons, et constituait la signature personnelle de l'homme. Les enseignements de Daïdanso relevaient d'un amour profond pour son Seigneur, d'une véritable intimité rappelant celle que Jésus avait avec Dieu, le Père. Dans son ministère terrestre, Jésus enseignait avec une autorité saisissante. De même, les apôtres ont eu l'autorité et la hardiesse de proclamer l'Évangile dans un contexte d'adversité des plus implacables, parce qu'ils avaient connu le Seigneur, et ils ne pouvaient pas *ne pas parler de ce qu'ils ont vu et entendu.* Malgré toutes les pressions du ministère pastoral, c'est comme si Daïdanso s'organisait pour avoir du temps avec son Seigneur dans un dialogue constant : par la prière, l'étude et la méditation de la Parole de Dieu. Oui, il pouvait parler avec autorité parce qu'il a vu, selon les Écritures, comment le Seigneur agissait envers ceux qui venaient à lui. A l'instar de Jésus, il avait comme un sens aigu de la dignité de ses interlocuteurs.

Le sens de la dignité des interlocuteurs

Daïdanso avait un sens aigu de la dignité de ses interlocuteurs, en particulier les lycéens et les étudiants au niveau universitaire. Les échecs scolaires dans le système éducatif francophone, calqué sur le modèle élitiste français, étaient dans le lot d'expériences des jeunes chrétiens engagés dans l'UJC. Daïdanso ne posait jamais de questions relatives aux résultats scolaires ou aux performances académiques, comme s'il n'avait aucun intérêt pour les efforts que les jeunes faisaient au niveau scolaire. Ce manque apparent d'intérêt pour les études des membres de l'UJC m'a amené à interroger Daïdanso sur les raisons de son silence. C'est alors qu'il me disait qu'une question au sujet des études, quoiqu'anodine à certains égards, est chargée d'émotions, avec une portée spirituelle et une dimension théologique. Que faire si cette personne venait juste d'apprendre la nouvelle selon laquelle elle a échoué aux examens de fin d'année ? Il était souvent bien difficile de se réjouir d'un succès scolaire quand bien d'amis, frères et sœurs en Christ, ne jouissaient pas de la même grâce à ce moment précis. Alors je lui demandais : Ne doit-on pas se réjouir de nos succès à cause des échecs des frères et sœurs ? Caractéristique de Daïdanso, il ne prescrivait pas la conduite à tenir. C'était alors un silence de mon côté, et il ne jugeait pas nécessaire de le rompre. Lentement, j'avais alors compris qu'il venait juste de me donner l'occasion de tirer ma propre conclusion : le meilleur geste à poser serait plutôt de partager les douleurs de ceux qui venaient d'essuyer des échecs éprouvants. J'ai aussi appris qu'il savait faire confiance à la fidélité et à la providence de Dieu.

La fidélité et la providence de Dieu

Avec le temps et mon aventure missionnaire en Afrique de l'Ouest et en Amérique du Nord, j'ai eu le temps d'apprécier le privilège que j'avais de poser bien des questions personnelles à Daïdanso. Comment a-t-il pu trouver sa femme Martine ? Comment était-il financièrement soutenu dans son ministère pastoral ? J'étais loin d'imaginer qu'un grand pasteur comme lui, diplômé d'une faculté de théologie évangélique, pouvait chercher l'accord de ses parents dans ses démarches pour trouver une épouse. Selon la tradition, il était bien entendu que ses parents allaient lui trouver une épouse, probablement une femme de son village ou ethnie. Et Daïdanso, en bon fils obéissant qui veut honorer son Dieu et ses parents, avait donc posé une seule condition qui pouvait se traduire en ces termes : *choisissez qui vous voulez pour être mon épouse. Je demande seulement que cette fille soit une chrétienne.* Si telle était la condition, son père avait conclu qu'il n'était pas qualifié pour la mission ; Daïdanso fut investi de la responsabilité de trouver la femme selon son cœur.

Le soutien financier était un sujet tabou qui ne venait presque jamais dans nos discussions. Cependant, quand il était amené à en parler, il pesait chacun de ses mots. Avec une authentique candeur, il nous expliquait qu'il avait fait un vœu : faire confiance à Dieu pour ses besoins, et particulièrement pour les moyens tangibles et financiers d'honorer et soutenir ses parents. Selon Daïdanso, le Seigneur n'avait jamais failli quand venaient les moments d'aider financièrement ses parents. La fidélité et la providence de Dieu à son égard se sont aussi manifestées au-delà du cercle familial. C'est chez Daïdanso que j'ai rencontré pour la première fois Ann Bennighof, cette jeune fille américaine qui deviendrait, sept ans plus tard, mon épouse.

En effet, après un an comme étudiante à l'Université de Yaoundé, Ann était devenue Secrétaire Itinérante pour le mouvement évangélique de jeunes du Cameroun, les Groupes Bibliques Universitaires et Scolaires[39]. Elle était venue à N'Djamena pour solliciter la participation de Daïdanso comme orateur au premier Congrès National de ce mouvement, et lui, nous avait alors invités, jeunes responsables de l'UJC, à faire sa connaissance. Au fil des années qui suivirent, il deviendrait un prédicateur de marque, un conseiller précieux, et un modèle à suivre – pour le GBEEC comme pour sa jeune Secrétaire Itinérante. Toutefois, je ne pouvais pas imaginer que nous nous retrouverions plus tard, Ann et moi, au Togo, où je me serais rendu en 1980 pour poursuivre mes études pendant la guerre civile au Tchad. Ann m'a rejoint deux ans plus tard, basée à Lomé à titre de Secrétaire pour l'étude biblique au service des Groupes Bibliques Universitaires d'Afrique Francophone (GBUAF). C'était un bon signe, une agréable surprise.

L'agréable surprise doublée du défi lancé

Il était alors naturel, quand nous nous sommes fiancés en 1983, que Daïdanso fût l'un des premiers aînés à qui nous avions fait part de notre engagement, et celui avec qui nous avions le plus partagé nos espoirs, nos craintes et nos aspirations. Il était aussi naturel que nous pensions l'inviter à consacrer notre célébration de mariage en 1985. A cette époque il était à Nairobi, et nous n'avons pas pensé lui offrir les frais de voyage qu'exigerait sa participation éventuelle à notre mariage à Lomé ; d'ailleurs, nous ne disposions pas de moyens pour le faire. N'ayant pas eu de suite de sa part, nous avons supposé qu'il ne pouvait venir. Daïdanso n'avait jamais posé la question de savoir ce que serait notre contribution au voyage que nous lui avions proposé. Quelle ne fut alors notre surprise et notre joie quand, à quelques minutes avant la cérémonie de mariage, nous apprenions que le grand frère était arrivé à notre église locale. Les formalités d'accueil et les accords habituels précédant de telles cérémonies de mariage ne pouvaient pas se faire. Daïdanso, maître de l'improvisation, a commandé notre attention ; il a assumé son rôle dans cette cérémonie du mariage avec une extraordinaire assurance. Après le mariage, il a continué son voyage dont la destination ultime s'avérait

[39] Aujourd'hui, le Groupe Biblique des Elèves et Etudiants du Cameroun (GBEEC).

être la Côte d'Ivoire. Nous n'avions à nous préoccuper ni de son séjour au Togo, ni même de son retour à l'aéroport pour la suite du voyage.

Daïdanso, par choix ou par contraintes du temps et conditions du ministère, n'a pas écrit sur des sujets qui le préoccupaient, ou qui préoccupaient nous tous qui le suivions. Ce qui impressionnait chez lui c'était sa rencontre avec l'être humain. En sa compagnie, on avait un sentiment profond d'être enfin soi-même, une personne, sans considérations socio-économiques ou ethniques. De quel groupe ethnique était-il ? Nous ne le savions pas, et cela pendant longtemps, et personne ne se posait une telle question parce que ce n'était pas une préoccupation en présence de Daïdanso. Nous le connaissions comme l'un de ceux que Dieu a utilisés pour fonder l'UJC, un mouvement étudiant qui a transformé une grande partie de la jeunesse au Tchad et en Centrafrique. Daïdanso : il était unique. A chaque détour de son pèlerinage, il suivait bien les traces de son Seigneur. Pour beaucoup d'entre nous, il y a comme une réverbération de la prière d'Elisée *qu'il y ait sur nous une double portion de la grâce que Dieu a faite à Daïdanso* ; en vérité c'était un homme imitateur de Christ ; et le meilleur héritage qu'il nous laisse en partage, c'est celui d'une vie véritablement transformée, d'un serviteur passionné, résolument confiant en la providence de Dieu, et plus soucieux de la gloire de son Maître que du sien. Dieu dans sa grâce nous a fait le don d'un modèle de vie marquée de grâce et d'humilité en Daïdanso. Le défi qu'il nous a lancé, ce n'est pas tant ce que nous pouvons faire pour Dieu, c'est plutôt cet abandon personnel et toujours renouvelé entre les mains du Seigneur Jésus-Christ. Quelle joie, quel privilège et quelle responsabilité d'être compté parmi ses disciples !

Djikolngar Maouyo
Dirige un laboratoire de recherche et développement des méthodes rapides de détection microbienne (à la compagnie Lonza Bioscience) à Walkersville, Maryland (USA)
Secrétaire Itinérant des GBUAF pour le Togo et le Bénin (1985-1988)
Ancien rédacteur en chef du Journal Espoir de l'UJC du Tchad

L'ITINÉRAIRE DE L'ÉVANGÉLISTE

Connu partout au Tchad comme un pasteur, les uns l'appelaient pasteur Daïdanso, les autres, pasteur René. Je n'en disconviens pas, surtout quand on sait que, par sa grâce souveraine, Dieu peut accorder plusieurs dons à une seule et même personne. Mais, à considérer les actions de René à partir du moment où nous avons commencé à faire chemin ensemble, je précise que l'homme était plutôt un évangéliste.

En essayant de remonter son histoire, il se dégage clairement que la volonté d'annoncer la Bonne Nouvelle l'avait toujours marqué, et elle s'était davantage traduite dans les faits ces derniers temps. Etant son jeune frère, je parlerai essentiellement de la période où j'ai commencé à le côtoyer, à apprendre auprès de lui, à travailler avec lui, en me basant sur les actes qui permettent d'affirmer qu'il était bel et bien un évangéliste.

Les actes qui l'affirment

Les événements politico-militaires déclenchés le 12 février 1979 en plein cœur de la capitale du Tchad ont mis des N'Djamenois en mouvement dans tous les sens. René arriva alors à Fianga, notamment dans son village, Lallé. Dans cette sous préfecture, il donna un coup de pouce dans l'organisation des campagnes d'évangélisation au niveau de la zone, en posant des actions importantes, dont la formation à la *Vie Nouvelle Pour Tous* et la participation aux campagnes d'évangélisation.

La formation des chrétiens pour l'évangélisation

Les Assemblées Chrétiennes au Tchad (ACT) et L'Église Fraternelle Luthérienne au Tchad (EFLT) de la zone avaient pris l'habitude d'organiser des campagnes d'évangélisation dans trois à cinq villages, chaque année, en période de Noël. Mais au niveau des ACT, certains responsables considéraient le processus comme étant une affaire des jeunes, surtout que le mouvement avait pris naissance à l'école biblique en langue locale à Sirlawé, appelée école régionale, de connotation beaucoup plus luthérienne. En fait, cette école qui était le fruit de l'entente entre les Luthériens et quelques serviteurs de Dieu des ACT avait connu à un certain moment une crise.

Avec l'arrivée de René, un séminaire de formation de formateurs et responsables à l'évangélisation fut organisé, en novembre 1979. La formation avait pour document de base la brochure intitulée *Vie Nouvelle Pour Tous*[40]. Chaque participant à ce séminaire avait reçu un exemplaire de ce livret, en vue d'une application pratique au sein sa communauté, et d'une retransmission fidèle aux autres frères et sœurs d'autres communautés.

Suite à cette formation, les participants repartirent dans les différentes directions, et formèrent des chrétiens de différentes Assemblées Chrétiennes Locales (ACL). Cela avait renforcé la vision de l'évangélisation dans la zone : certains responsables qui étaient indifférents au mouvement reconsidérèrent leur position, l'évangélisation retrouva sa place au niveau des églises, la manière d'organiser ces campagnes connut une amélioration, et le programme devint un processus normal dans les églises, au point de devenir plus tard une des sources d'inspiration du programme des Campagnes d'Évangélisation Systématique *Tchad pour Christ* (CES/TPC[41]), qui démarra dans les années 1990, et auxquelles René participa personnellement.

[40] Vie Nouvelle pour Tous, publié en français par le Bureau National d'Evangélisation B.P 4092 Yaoundé, après autorisation de New Life for All, B.P. 77 Jos (Nigeria).

[41] TPC en devient finalement le terme générique.

La participation aux campagnes organisées

L'homme n'enseignait pas seulement. Il vivait ce qu'il enseignait, en matière d'évangélisation. Suite au séminaire de Fianga mentionné ci-haut, René prit part à la campagne de cette fin d'année dans cinq villages du canton Youé, selon le programme préétabli[42]. Il y vint comme simple participant, faisant tous les travaux, même ménagers, recommandés aux évangélistes. La simplicité inhérente à cette participation était rare pour beaucoup de serviteurs de Dieu de son rang, de son niveau de formation théologique, de sa renommée.

Ce fut bien à cette occasion, dans le village Gouyou, sous ce grand arbre ou *bois fétiche*[43], que René vit l'événement du serpent devenu impuissant ce 24 décembre 1979. C'était la victoire de Christ sur les forces des ténèbres. Il cita souvent cela en exemple dans ses enseignements, en rapport avec TPC, pour mettre l'accent sur le pouvoir que le Christ a reçu, et qu'il a donné à ses disciples, en les envoyant faire de toutes les nations des disciples.

En effet, sous cet arbre, les évangélistes avaient pris place, chantant les louanges à Dieu et dansant en souvenir de la naissance du Sauveur. D'autres, fatigués de trois journées d'activité, avaient étalé leurs nattes et s'y étaient couchés. La nuit, on se rendit compte de la présence d'un serpent mort sous les nattes sans aucune réaction au préalable. Pour tous ceux qui connaissaient le milieu, c'était purement et simplement la victoire sur les puissances des ténèbres, une assurance qui ouvrait la voie à TPC.

La Campagne d'Évangélisation Systématique *Tchad pour Christ*

A partir de 1993, René était de plein pied dans le programme de TPC. TPC est un programme de l'Entente des Eglises et Missions Evangéliques au Tchad (EEMET). Les campagnes s'organisaient dans les

[42] Gwé, Tchingring, Goudoum, Biguebéré, Gouyou.

[43] Arbre craint par les non chrétiens du village et des environs, à cause de son caractère diabolique ou démoniaque.

grands centres et ne couvraient pas les zones rurales. René les qualifiait de *campagnes sauterelles.* Le caractère systématique vise à visiter chaque village du Tchad avec le message du salut en Jésus Christ, afin qu'aucun Tchadien ne puisse aller en enfer par ignorance.

René était impliqué dans le processus de l'évangélisation *Fianga pour Christ*, initiée en 1991 par l'Assemblée Chrétienne de Moursal, partagée avec d'autres églises[44] en plus des chrétiens ressortissants et résidents de l'actuel Mont Illi au Mayo-Kebbi-Est, dans le Sud-ouest du Tchad. En septembre 1993, il forma des formateurs venant des six cantons qui devraient repartir en faire la restitution. A la fin du séminaire, il fut officiellement nommé président du programme *Fianga pour Christ.* Cette formation était une occasion de mobilisation des gens pour le travail, afin de couvrir systématiquement les 172 villages que comptait la sous-préfecture de Fianga en ce temps, devenue département du Mont-Illi aujourd'hui.

Dans le respect du programme de l'EEMET, René négocia le processus de la campagne avec le coordonnateur du Service Evangélisation et Mission de l'Entente (SEME), pour décaler *Fianga pour Christ* de l'ensemble de TPC qui avait lieu en novembre, afin de vivre l'expérience de la méthode systématique. En novembre de la même année, à l'Assemblée Générale de l'Association des Evangéliques en Afrique(AEA), tenue à Lagos au Nigeria, qui a décidé de *l'Afrique pour Jésus*, il développa, à travers son intervention, l'intérêt de l'intensification et de la systématisation de l'évangélisation.

Le résultat de *Fianga pour Christ* a été très encourageant : en une semaine de travail, 14 000 personnes se sont réconciliées avec Dieu, donnant ainsi la possibilité d'implanter plusieurs nouvelles églises, et surtout d'en implanter au moins une dans chacun des trente six villages qui n'en avaient pas une à l'époque. Ce résultat satisfaisant a donné envie à vouloir répéter l'expérience. La décision prise, les préparatifs sont engagés et René s'entoura d'une équipe de collaborateurs.

A la formation des formateurs à Pala en 1994, il prit avec lui huit personnes pour l'aider dans le travail. A cette occasion, chacune des huit personnes bénéficia soit d'une formation ou du moins d'un complément

[44] Eglise Fraternelle Luthérienne de Grédia, l'Assemblée Chrétienne la Charité de N'Djamena, etc.

de formation, en prenant part à une forme d'étude biblique qu'il donnait chaque matin au dortoir, à la station missionnaire de Pala, avant d'aller donner des cours aux séminaristes. Ces études ont bien été un plus pour chacune des huit personnes qui ont dû prendre part aux travaux, aux cours et animer aussi des ateliers[45].

La formation des formateurs à Pala en 1994 a été sanctionnée par le fascicule intitulé : *Pala pour Christ* (PPC), sur la base des notes prises par le secrétariat du séminaire. Ce fascicule est devenu plus tard un outil de travail utile à TPC dont René faisait les fonctions d'évangéliste mobilisateur.

L'évangéliste mobilisateur

L'homme n'évangélisa pas seul ; il mobilisa les églises de différentes dénominations pour un travail d'ensemble, l'évangélisation de tous les villages du Tchad, la proclamation de la Bonne Nouvelle du Salut en Jésus Christ à tous les Tchadiens.

Il impliqua beaucoup d'autres personnes à cette tâche de mobilisation, des gens qu'il avait pu former lui-même comme formateurs. Quand il sut qu'une personne pouvait retransmettre fidèlement l'enseignement qu'il donnait, sans y introduire une hérésie, il n'hésita pas à l'associer à l'œuvre. Mais il faut dire qu'il suivait d'abord l'individu un bon bout de temps avant de lui déléguer cette charge de formateur, comme lors des voyages au nord du Cameroun, puis au Tchad : notamment au Mayo-Kebbi et dans la Tandjilé.

[45] Les participants sont : Batein Kaligué et Passoret Mathieu Godjé de Moundou au Logone Occidental, Ahouna Osée de Koyom au Mayo-Kebbi, Agolom Isaac de Baktchoro en Tandjilé, Tibo Dje Didi de Doukoula au Cameroun, Ndjessada Ngontodingem, un autre frère, Makaïna Dobé Daniel de N'Djamena.

Le voyage à Madouli et Maroua au nord du Cameroun

Une fois, en été 1995, revenant de Massakory à environ 150 km au nord de N'Djamena, l'homme avait à son programme une formation dans deux institutions : l'Institut Biblique de Maroua (en ville) et l'École de Formation Missionnaire en milieu peul à Madouli, dans la périphérie de Maroua. Alors il envoya me chercher.

Quelques minutes après nous être entretenus, nous partîmes pour Maroua où nous passions la nuit. Le lendemain matin, nous allâmes à Madouli et René enseigna dans la matinée ; il introduisit le cours sur TPC, me laissa à Madouli pour la suite du travail qui devrait durer deux à trois jours, et lui, repartit enseigner à l'Institut Biblique en ville.

C'était la période de la préparation de la campagne d'évangélisation dans les sous-préfectures de Léré, Gounou-Gaya et Kélo au Tchad. Or les frères du nord du Cameroun qui nous avaient massivement assistés un an auparavant, pendant la campagne d'évangélisation *Pala pour Christ*, se préparaient à faire de même cette année-là. Donc il fallait former ou au moins informer les volontaires dont les étudiants de l'École de Formation Missionnaire de Madouli où l'on forma des gens pour le témoignage chrétien en milieu peul.

Le voyage à Laï, Guidari et Nardagué au Tchad

En été 1996, nous partîmes en équipe à l'intérieur du pays. Il forma des gens à Baktana au Mayo-Kebbi et le voyage se poursuivit pour la formation des formateurs de TPC à Laï dans la Tandjilé, au sud du Tchad. Là, il commença les premiers cours, puis nous fit passer à tour de rôle, le pasteur Agolom Isaac et moi.

A la suite de ce séminaire, une autre formation fut automatiquement programmée, et ce furent Agolom et moi, qui devrions reprendre la route, peu de temps après, pour l'animer dans deux autres centres à l'est de Laï.

A part nous deux, de nombreuses gens peuvent témoigner de la manière dont René les impliquait dans le processus de la formation ou de la retransmission des enseignements sur l'évangélisation qu'il donnait ici et là. Plusieurs personnes étaient et sont encore mobilisées pour partager la vision de l'évangélisation systématique et intensive.

Le souci du suivi et du renforcement de capacité a conduit à la formation des disciples en 1997, dans le cadre de TPC. C'est ainsi qu'en juillet, une formation est proposée à une douzaine de serviteurs de Dieu qui ont suivi le cours. En novembre, René donna ce cours à un grand nombre de serviteurs de Dieu de différentes dénominations membres de l'EEMET, venant des différentes régions du pays. Pendant une semaine, le cours était donné de manière pratique à la satisfaction de tous les participants, un fascicule intitulé *La formation de disciples*[46], en découla. La recommandation du formateur aux formés était qu'ils devaient vivre d'abord eux-mêmes ces enseignements puis les retransmettre à la base. C'était ce qu'il qualifia de *la multiplication des disciples multiplicateurs.*

La démarche entreprise par René avait conduit à la mobilisation de toutes les églises dans les années 1990 pour l'évangélisation, y compris celles qui ne faisait par partie de l'EEMET. Depuis 1993, année après année, ce furent des milliers de chrétiens des deux sexes et des différentes tranches d'âges qui se mirent en mouvement sous des initiatives locales ou nationales afférentes à l'évangélisation. Des chrétiens d'autres pays comme le Cameroun et surtout le Nigeria, s'associèrent souvent à nous dans le combat de l'évangélisation.

L'objectif d'amener les églises à la vision d'évangéliser et à prendre promptement des initiatives locales pour évangéliser en tout temps et en tout lieu se vit partout aujourd'hui. On constate que ce travail se poursuit dans les dénominations et dans des régions, à telle enseigne que dans leurs zones d'origine et de manière périodique, des chrétiens tchadiens organisent des campagnes d'évangélisation à la suite de TPC dont René qui en était le mobilisateur ne manqua pas de situer les origines.

Les origines de TPC

A comprendre René, ce programme s'inscrit dans un mouvement d'ensemble, une vision globale dont les sources d'inspiration sont variées. C'est ainsi qu'il fit toujours remonter l'origine de ce programme aux

[46] Transcription des notes de cours donnés par le pasteur René Ma DJONGWÉ DAÏDANSO.

conférences de Lausanne en 1974 et autres, et évoqua les programmes comme ceux du mouvement AD 2000 dans le monde, et de l'opération *l'Afrique pour Jésus* lancée par l'AEA et décidée en son Assemblée Générale de novembre où il était l'un des orateurs.

D'après René, pour que le monde soit à Christ, il faut que chacun des cinq continents soit à Christ. Pour que l'Afrique soit à Christ, il faudrait que chaque pays de l'Afrique soit à Christ. De même, pour que le Tchad soit à Christ, chaque sous préfecture doit être déclarée à Christ. Il illustra cela souvent en comparant le programme à un gros éléphant. Quelle que soit sa masse on peut le manger. Mais il faut le couper en morceaux. Les campagnes TPC visaient à donner à chaque Tchadien l'occasion d'écouter au moins une fois dans sa vie le message du salut en Jésus Christ. L'unité maniable, pour aboutir à une organisation normale, contrôlable au départ, était la sous préfecture.

Ses actes d'évangéliste n'ont pas commencé dans les années 1990. Avant d'y arriver, René avait posé d'autres actes antérieurs : l'évangélisation systématique de son village.

L'évangélisation du village natal

Il raconta lui-même dans ses enseignements qu'il donnait souvent dans le cadre de TPC, qu'en 1965, il évangélisa toutes les familles de son village Lallé. C'est un grand village, un chef lieu de canton où se trouvaient représentés environ quatorze clans dont seulement six étaient touchés par l'Évangile du salut en Jésus Christ. C'est dire donc que le souci de voir les hommes être sauvés l'animait depuis fort longtemps.

Pourquoi était il si attaché à ce travail d'évangélisation et quelle était sa motivation réelle ? Ce que je sais, c'est que dans ses enseignements préparant aux Campagnes d'Évangélisation Systématique *Tchad pour Christ*, à la question pourquoi évangéliser, René répondait en ces termes : *Parce que :*

1. *C'est un ordre du Seigneur ;*
2. *Le Christ revient bientôt ;*
3. *L'avenir se présente sous une perspective sombre (2 Tim. 4.2).*

Il faut dire que l'homme avait le souci d'obéir à son Maître, la compassion des âmes, la foi que l'enfer est une réalité, et la conviction que la souffrance, dans cette résidence éternelle du Diable, sera insupportable. Il faut sauver les hommes de ce mal, de ce danger et les conduire à la grâce de Dieu pour une vie de bonheur éternel.

L'homme avait de multiples talents qui pouvaient bien se démontrer à tous les niveaux du service pour le Maître. Néanmoins, je comprends qu'il avait ce souci de bien accomplir l'œuvre d'un bon évangéliste qui ne rougit pas, comme les Écritures l'affirment : *Mais toi, sois sobre en tout, supporte les souffrances, fais l'œuvre d'un évangéliste, remplis bien ton service* (2 Tim. 4.5). De ce côté, René était un exemple à suivre.

Makaïna Dobé Daniel
Coordonnateur du Département Évangélisation et Mission des ACT
Secrétaire Général de TPC
Enseignant en Géographie au Collège Évangélique de N'Djamena
(1996-2006)

L'HOMME, UN ONCLE PATERNEL

C'est une obligation et une fierté particulière de parler de René Daïdanso, mon père. Si je l'appelais oncle paternel, ce serait indigne et même scandaleux. En effet, il appelait mon père *weelma*, c'est-à-dire fils de ma mère, alors qu'ils n'étaient pas de même mère. Quand j'étais né, papa René m'avait donné le nom de Tibo, c'est-à-dire responsable. Il avait assumé dignement cette responsabilité envers moi en plusieurs points dont la scolarisation et le mariage ; de plus, il m'avait exercé au sens de responsabilité. De facto, je suis comme il l'était, un serviteur de Dieu, un responsable, même si sa vie était d'une étrange particularité.

La vie d'une particularité étrange

Marié à Maigom Martine en juillet 1972, il était père de dix enfants dont un était décédé. Tombé malade en novembre 2011 suite à un accident vasculaire cérébral (AVC), l'homme de Dieu était cloué sur une chaise roulante jusqu'à sa mort, le 27 septembre 2014.

Ce fut à l'école primaire qu'il reçut le prénom de René. Pour lui, il était *Re-né*, parce que né de nouveau. Celui que nous appelions honorablement *Vieux* disait avoir reçu sa vocation d'une lecture de Deutéronome 18.13 : *Tu seras entièrement à l'Eternel, ton Dieu.* Cela avait motivé toute sa vie de ministre de Dieu. Ce désir de l'entièreté à Dieu avait même perturbé l'ordre-principe que *Vieux* avait fixé et enseigné : Dieu-famille-travail.

Rien ne pouvait le séparer de Dieu en qui il a cru. Son épouse, ses enfants, ses parents, ses amis ou autres qui osait parler ou agir dans le sens de séparer *Vieux* de Christ entendrait cette phrase : *Daw ndi, men peel ºi go hon* : Ne m'embrouille pas, laisse moi grandement ouverte la route du ciel. Jouer avec la question du salut personnel, c'est vouloir choisir de vivre l'affreuse éternité en enfer.

Vieux disait et enseignait que la vie de famille était une condition pour servir Dieu mais pas le contraire. *Que l'évêque dirige bien sa propre maison, et qu'il tienne ses enfants dans la soumission et dans une parfaite honnêteté ; car si quelqu'un ne sait pas diriger sa propre maison, comment prendra-t-il soin de l'Eglise de Dieu ?* Malheureusement, *Vieux* vit le travail comme une priorité qui passait avant la vie de famille. Son corps, sa fortune, son temps, tout fut pour Dieu et pour son œuvre. La nourriture quotidienne, le logement où chacun pouvait s'arranger à se coucher, voilà l'essentiel pour la famille. Toutefois, *Vieux* fut très sensible à la question de la santé de sa famille. Il fut très compatissant quand un membre de la grande famille, un serviteur de Dieu, une sœur, un frère chrétien tombait malade.

Bien que le culte familial fût permanent chaque jour, le nombre de jours que *Vieux* passa en famille ne fut que le cinquième de ce qu'il passait au dehors, même si ce fut difficilement mesurable. C'était cela la réalité de sa vie. Nous, ses enfants, ce fut sur rendez-vous qu'on parvenait à le rencontrer. Ce fut la nuit qu'on pouvait l'avoir, car *la nuit c'est un jour sans soleil*, disait-il ? Papa me disait peu avant sa maladie qu'il avait voulu finir le travail. Mais quand il se rendit compte que le travail ne finit jamais, c'était trop tard. Il s'épuisa avant le temps. C'était ce qui le conduisit à ce que nous déplorons aujourd'hui : sa vie familiale et sa maladie qui le mena à la mort. A propos de sa vie familiale, il s'agit surtout de la situation spirituelle pour le moins déplorable de certains de mes frères et sœurs. Mais l'on retient aussi que de nombreux enseignements qu'il donna ici et là couvraient des thèmes aussi divers que variés, comme le travail et le mariage chrétien.

Le travail

Le travail c'est toute activité faite en vue d'un résultat ou d'une rémunération. La Bible parle des œuvres bonnes, c'est-à-dire les activités accomplies à la gloire de Dieu et pour le bien du prochain (Col. 3.17). Il y a les œuvres charitables (en grec *erga agatha*) qui découlent de l'état moral du cœur purifié, comme l'amour des frères, la sympathie, le support, le tact, etc. (2 Cor. 9.8 ; Eph. 2.10 ; 1 Tim. 2.10 ; 5.10 ; Tit. 1.16 ; Héb. 13.21) ; et les belles œuvres (en grec *erga kala*) qui sont les actes louables et visibles aux yeux des hommes, comme les aumôneries, les visites et les soins des malades, les orphelinats, etc. (Mat. 5.16). Le travail a bel et bien une origine.

1. L'origine du travail

Le travail tient son origine de Dieu. En créant l'homme, Dieu lui a donné l'ordre de travailler, d'assujettir la terre et de la soumettre ; de dominer sur les autres créatures, de cultiver le sol et de le garder (Gen. 1.26-28 ; 2.15). La pensée selon laquelle le travail aurait été imposé à l'homme après le péché ne vient pas de la Bible. La vérité, c'est que le travail est devenu pénible quand l'homme est tombé dans le péché (*cf.* Gen. 3.17-19).

Le travail est dans le plan éternel de Dieu. C'est pourquoi au ciel, les élus serviront Dieu (Apo. 7.15 ; 15.3 ; 22.3). Mais le travail a aussi comme une raison d'être.

2. La raison du travail

Dieu a créé l'être humain pour travailler (Gen. 1.26-30; 2.7-15). Le travail est une nécessité de la vie humaine. Par l'activité, l'homme se développe. Il développe ses énergies physiques, son intelligence, son ingéniosité, ses facultés intellectuelles et même sa volonté. Jésus dit que le temps est maintenant pour travailler parce que lui et le Père travaillent (Jea. 5.17 ; 9.4). Celui qui ne travaille pas se réduit au niveau des insectes (Pro. 6.6-7). Celui qui fait avec négligence l'œuvre de Dieu est maudit (Jér. 48.10). Le travail est alors un privilège, une joie pour l'homme. Il est un trait de ressemblance entre l'homme et son Créateur. Le travail a de la valeur.

3. La valeur du travail

Le travail entretient la vie (Pro. 14.23). Il rend l'homme indépendant (1 Thes. 4.11, 12); il lui permet d'être généreux (Eph. 4.28). Celui qui travaille est rassasié de pain, lui et sa famille (Pro. 20.13; 24.27; II Thes. 3.11). Celui qui mène une activité dort bien et s'en réjouit (Ecc. 2.10, 5.12, 19). Le travail rend un bon témoignage auprès de ceux qui ne connaissent pas Christ et les poussent à croire en lui (Mat. 5.16). Celui qui travaille est respecté de ceux du dehors (I Thes. 4. 11,12). Il sera récompensé par Dieu (Jea. 6.27; Héb. 6.10). C'est pourquoi la Bible exhorte au zèle et à l'ardeur (Rom. 12.11). Par la foi en Jésus l'homme est sauvé (Eph. 2.8), pour accomplir des bonnes œuvres, en vue des récompenses (II Cor. 9.6 ; Gal. 6.7-9 ; Mat. 10.40-42 ; I Cor. 3.9, 24-25 ; 15.58 ; Apo. 2.10, 22.12). Or il se trouve qu'il y a des conditions à remplir pour accomplir un bon travail.

4. Les conditions à remplir

Il ne faut pas se tromper de métier. Il y a une multitude d'activités dans le monde et dans l'Eglise (Rom. 12.4-8 ; I Cor. 12.1-31). Tout être humain est appelé à accomplir une activité principale ; les autres sont secondaires. Mais malheur à celui qui se trompe de métier (Rom. 12. 3).

La conscience professionnelle est incontournable. C'est le fait pour l'homme de travailler avec toute sa bonne conscience et dévouement. La conscience professionnelle se caractérise par l'exécution de l'ordre reçu (Luc 17.10), le travail sans surveillance (Phi. 1.27 ; Col. 3.22-25), le travail de bonne qualité (II Chro. 24.13), le respect de l'horaire (Exo. 20.9). Le temps c'est de l'argent. C'est pourquoi la Bible nous exhorte à racheter le temps ; le temps perdu ne se rattrape plus (Gen 43.10 ; Ecc. 9.10 ; Eph. 5.16 ; Col. 4.5).

D'autres qualifications requises sont : la fidélité (I Cor. 4.1-4), la loyauté (Dan. 6.3-5), la diligence (Pro. 22.29 ; I Tim. 4.15, 16), le zèle ou l'ardeur (Rom. 12.11), l'honnêteté ou l'intégrité (Deu. 16.19 ; Lév. 19.36 ; Job 31.6 ; Pro. 11.1 ; Ezé. 45.10 ; Osé. 12.7 ; Amo. 8.5 ; Mic. 6.11 ; Tit. 2.10). La paresse est à éviter.

5. La paresse

La paresse, c'est le fait qu'une personne n'aime pas travailler (Pro. 20.4; 22.13), qu'elle entreprenne plusieurs activités et ne mène aucune à son terme (Ecc. 4.6), qu'elle commence une activité et ne la finit pas (Pro. 12.27; Luc 14.29), qu'elle ne fasse pas bien un travail entrepris (Mat. 7.26, 27).

Le paresseux est un insensé (Pro. 12.11; Ecc. 4.5) même s'il se voit plus sage à ses propres yeux (Pro. 26.16). Le paresseux a toujours des désirs insatisfaits (Pro. 13.4; 21.25) ; il a toujours des prétextes pour refuser de travailler (Pro. 20.4; 22.13; 26.13). Il s'ingère dans les affaires des autres et n'est pas stable, allant de maison en maison (II Thes. 3. 11; I Tim 5.13). Le paresseux aime dormir (Pro. 6.9-10; 19.15; 26.14). Il est toujours dans la honte (Pro. 10.5), toujours pauvre (Pro. 20.13), toujours affamé (Pro. 6.11). Sa maison s'écroule sur lui (Ecc. 10.18). Le paresseux est un frein au développement des autres (Pro. 10.26 ; 15.19). Il n'aura pas de récompense devant Dieu (Mat. 25.24-25). Par contre, le fruit des entrailles est une récompense. C'est une grâce d'en jouir dans le mariage chrétien.

Le mariage chrétien

Le mariage est un engagement entre un homme et une femme à vivre ensemble pour le meilleur et pour le pire, dans la fidélité, dans une forme spéciale de dépendance mutuelle, en vue de fonder et d'entretenir une famille.

Selon la Bible, le mariage voulu par Dieu est de type monogame : un homme et une femme s'unissent comme mari et femme pour la vie, et cela avec l'accord du groupe social et de Dieu (Héb. 13. 4). Le divorce n'est pas pour le chrétien. *Je hais la répudiation,* dit l'Éternel (Mal. 2:16). Seule la mort peut dissoudre un mariage chrétien (Mat.19.3-8 ; Rom. 7.1-3 ; 1 Cor. 7.10-11).

La polygamie (un homme épouse plusieurs femmes), la polyandrie (une femme épouse plusieurs maris), l'homosexualité (un homme épouse un homme), le lesbianisme (une femme épouse une femme), la bestialité (un homme couche avec une bête), le mariage à l'essai, le divorce et la prostitution sont tous condamnés par la Bible, et considérés comme le fruit de la perversion de l'homme (Exo. 22.19 ; Lév. 20.15,16 ; 18.22 ; 19.29 ; 20.13; Deu. 23.17, 18 ; 27.21 ; Mat. 19.1-10 ; Rom. 1.22-27). Le mariage a un but.

1. Le but du mariage

Le mariage est une institution du Dieu Créateur. C'est lui qui a vu la nécessité pour Adam d'avoir une femme. Dieu donne à Adam une aide semblable, son vis-à-vis (Gen. 2.18). Ainsi Dieu a organisé les individus dispersés sur la base de la famille dont la cellule est le couple. En instituant le mariage, Dieu crée le moyen de la multiplication de la race humaine : *Dieu créa... l'homme et la femme. Dieu les bénit, et Dieu leur dit: Soyez féconds, multipliez-vous, remplissez la terre...* (Gen. 1.27-28). Pour éviter la débauche, que chaque homme ait sa femme, et que chaque femme ait son mari (I Cor. 7.2). Il y a une manière de se marier, propre aux chrétiens.

2. La manière de se marier en tant que chrétien

Il convient d'être apte. Que celui ou celle qui veut se marier ait des aptitudes physiques comme la santé et la virilité, des aptitudes morales, c'est-à-dire être capable d'aimer et de vivre avec une autre personne que soi. Aussi faut-il prier Dieu et choisir un chrétien ou une chrétienne. Dieu est le Créateur du mariage (Gen. 1.26, 27 ; 2.18-25). C'est Dieu lui-même qui accorde à chaque être humain une femme ou un mari (Pro. 18.22; 19.14; 14.1).

Il n'y a pas de critères fixes quant au choix du conjoint. L'initiative peut venir des parents, du garçon ou de la fille (Gen. 21.21 ; 24.1-7). Le jeune homme peut aussi choisir sa femme et demander la volonté de ses parents (Gen. 34.4, 8 ; Jug. 14.2). Ce qui est important, c'est que tous, parents, jeunes hommes et jeunes filles soient convaincus et aient la preuve que c'est la volonté de Dieu (Gen. 24.5-8, 56-58). Cependant, *la grâce est trompeuse, la beauté est vaine; la femme qui craint l'Éternel est celle qui sera louée (*Pro. 31.30*)*.

C'est pourquoi toute personne chrétienne qui veut avoir une femme ou un mari doit prier pour demander la volonté de Dieu (Gen. 24.7, 12; Psa. 37.3-6 ; 32.8 ; Pro. 3.5, 6 ; 16.1-3). Le chrétien se marie à une chrétienne (Pro. 31.30; I Cor. 7.39). Le mariage avec un non chrétien n'est pas biblique, car il n'y a ni rapport, ni accord, ni pacte, ni communion entre le chrétien et le non chrétien (II Cor.6.14-16). Il y a un temps pour tout, des moments pour les fiançailles.

3. Les moments de fiançailles

La durée des fiançailles doit être raisonnable. Les longues fiançailles sont souvent sources des problèmes. Le mot d'ordre des fiançailles est : se connaître sans se connaître. La virginité préconjugale n'est pas démodée (Gen. 24.16). Rester vierge jusqu'au mariage est une façon d'honorer et soi-même et son mariage. En effet, rester vierge, c'est s'exercer à la patience nécessaire pour la vie du foyer dans les moments de prière (I Cor. 7.5), les moments de maladies ou d'indisposition de la femme. Généralement, à la suite des fiançailles intervient la dot.

4. La dot

La dot, en Afrique, est une compensation donnée par la famille du garçon à celle de la fille. Ce cadeau scelle l'alliance et le lien entre les deux familles. Elle est de nature diverse selon les tribus et les circonstances. La Bible ne fixe pas un montant de la dot. Selon les différents cas évoqués, le montant est variable. D'une façon générale, la Bible parle des dons, des présents et des cadeaux (Gen. 24.53 ; 29.18 ; 34.12 ; Exo. 3.1 ; 22.16, 17). Parfois la dot requiert toute une cérémonie autant que le mariage.

5. La cérémonie du mariage

L'Ancien Testament souligne un ornement particulier le jour du mariage : le fiancé et la fiancée se parent de leurs plus beaux habits (Esa. 61.10). La tenue blanche est une convention symbolisant la pureté, mais il n'a pas de base biblique. On peut porter n'importe quelle tenue pour le mariage. Entre les deux conjoints, il y a un serment de fidélité, un engagement mutuel à vivre ensemble et surtout à se demeurer fidèles (Ezé. 16.8). Parfois, il y a une expression visible de cet engagement de la part du garçon par un acte visible (Rut. 3. 9-18). Entre les deux, il y a également une alliance (Mal. 3. 16). Les amis et les parents prononcent des bénédictions à l'endroit des mariés (Gen. 24.40 ; Rut. 4.11). Par la suite, les deux époux sont conduits par les parents ou par les amis dans la chambre nuptiale (Gen. 29.23).

Dans le Nouveau Testament, le mariage est une occasion de festivités dont la durée est plus ou moins longue. Un repas de noces est organisé (Mat. 22.1-4 ; Jea. 2.1-12). Les festivités sont une expression de joie, la joie du mariage.

6. Les joies du mariage

Celui qui trouve une femme trouve le bonheur ; c'est une grâce qu'il obtient de l'Éternel (Pro. 18:22). Dans le mariage, c'est la joie de la vie commune, du partage, de la collaboration et de la mise en commun, la joie de l'entraide, du soutien mutuel et d'une vie harmonieuse (Gen. 1.18-24 ; Psa. 128 ; Ecc. 4.9-12). C'est aussi la joie de s'aimer et de se respecter mutuellement, de se comprendre et de se pardonner (Eph. 5.22-33, I Pie. 3.1-7 ; Col. 3.18-19). La joie du mariage, c'est aussi le fait que l'homme et sa femme manifestent leur amour dans une relation sexuelle profonde en se donnant l'un à l'autre (*cf.* I Cor. 7. 3-5 ; Pro. 5.15-19). Avec le mariage se fonde un foyer dont les membres ont des devoirs à accomplir.

7. Le devoir des membres de la famille

Le mari doit s'attacher à sa femme et devenir avec elle une seule chair. Il est le chef de la famille et doit aimer sa femme comme sa propre chair, l'honorer, la protéger, prendre soin d'elle, la nourrir et collaborer avec elle à l'éducation des enfants (Gen. 2.23, 24 ; Deu. 6.6, 7 ; Eph. 5.23, 25, 29 ,33 ; 6.4 ; Col. 3.21, I Pie. 3.7).

La femme doit s'attacher à son mari et devenir avec lui une seule chair. Elle doit se soumettre à son mari, l'aimer, l'honorer, lui être fidèle, lui inspirer confiance, collaborer avec lui à l'éducation des enfants. Elle doit s'occuper de la famille et s'appliquer aux soins domestiques (Gen. 2.23 ; 3.16 ; Pro. 31.10-31 ; Eph. 5.22 ; 6.4 ; Col. 3.21 ; I Tim. 3.11 ; Tit. 2.4-5).

Les enfants doivent honorer les parents, leur obéir, écouter leurs conseils, se laisser avertir par eux et prendre soin d'eux (Exo. 20.12 ; Deu. 27.16. Pro. 1.8 ; Lév. 19.32 ; Mat. 15.4 ; Col. 3.20 ; I Tim. 5.4). Aussi, prendre soin des parents en retour est pour les enfants comme une dette morale.

Tibo Dje Didi
Secrétaire Général des ACT
Traducteur de la Bible en Tupuri (Cameroun-Tchad), 1993-2001
Directeur de l'École Biblique Supérieure de Baktana (Gounou-Gaya), Tchad, 1988-1993

SERVIR DIEU À TRAVERS LES ÂGES

Comme David, René a servi les desseins de Dieu dans sa génération (*cf.* Ac 13.36a) et même bien au-delà. Il l'a fait, à l'instar de l'apôtre Paul, avec beaucoup de sacrifice (*cf.* Ph 3.7-11 ; Ac 20.24). Parfois, ce sont ses propres mains qui ont pourvu à ses besoins et à ceux des autres (*cf.* Ac 20.34). Ainsi était-il au service du Christ et de son Évangile pendant un peu plus de quarante ans. Et le 27 septembre 2014, il a plu au Seigneur de l'élever à la gloire, afin que sa *fatigue se repose*, selon qu'il est écrit : *Heureux les morts qui meurent dans le Seigneur, dès à présent ! Oui, dit l'Esprit, afin qu'ils se reposent de leurs travaux, car leurs œuvres les suivent* (Ap 14.13 ; La Colombe).

Une semaine plus tard, jour pour jour, une foule immense fit le déplacement du stade omnisports Idriss Mahamat Ouya (SOIMO) de N'Djamena, répondant ainsi à l'invitation qui lui était adressée quelque temps auparavant. Ce fut la cérémonie funèbre.

René, de la cérémonie funéraire

04 octobre 2014. Nous étions au SOIMO, un complexe à ciel ouvert. Choisir un tel lieu pour abriter la cérémonie funèbre de René Daïdanso valait la peine en raison du monde prévu à cet effet. Mais n'avoir pas réuni les conditions pouvant permettre de mettre les gens à l'abri du soleil était une grosse méprise de l'organisation. La tribune officielle n'était pas non plus épargnée.

Les deux tentes initialement établies recevaient, l'une, la grande famille Daïdanso, l'autre, les invités de marque. Les gens du peuple avaient pris place dans les gradins, aux côtés sud et ouest, comme un troupeau d'oiseaux sur les branches d'un arbre. C'était une impressionnante foule nombreuse et bigarrée. Si au côté sud les gens avaient le bénéfice de quelque ombre des arbres qui entouraient le SOIMO, ceux du côté ouest, formant trois groupes dont la tribune officielle, recevaient les forts rayons du soleil en plein visage.

Malgré cet aléa climatique peu propice, les chants montaient spontanément des cœurs, à la fois reconnaissants et affligés vers Dieu, d'un côté de la tribune officielle comme de l'autre. Des voix parcouraient l'espace sous un soleil de plomb, disant en chœur les bontés de l'Éternel qui s'est servi d'un homme comme René, des années durant, pour faire du bien à une multitude de gens au Tchad et ailleurs. En bas des gradins au coté nord-ouest, des femmes en liesse se distinguaient par leur louange dans leur tenue de Femmes de Charité, toutes dénominations confondues, mais aussi de Femmes de l'Entente. L'atmosphère, au lieu d'être lourde, paraissait plutôt bon enfant et l'animation de plus belle.

Visiblement débordée, l'organisation peinait à faire partir les gens des sièges qu'ils ont occupés, sans indication préalable du protocole, sous la tente réservé aux invités d'honneur. Trois autres tentes étaient finalement installées : une servait de l'ombre à la tribune officielle, les deux autres, en bas des gradins, de part et d'autre de ladite tribune, faisaient immédiatement le plein des gens qui ne se faisaient pas prier.

Le programme de la cérémonie, conçu comme d'un travail de laboratoire, ne semblait pas être à la hauteur de l'événement. Le nombre des gens ayant intervenu valait pratiquement les deux tiers de ce qui y était prévu. On se serait attendu de voir Madame et les enfants Daïdanso manifester des émotions outre mesure dans leurs interventions. Mais ils avaient su se surpasser, surprenant plutôt agréablement le public par leur sérénité. Ils étaient comme débordants de paix dans la souffrance, de joie dans la douleur. La maman d'abord, parlant de son mari comme d'un papa, les enfants ensuite, dont l'une disait de leur père, au nom de tous, qu'il était comme un pasteur et un grand frère.

René, mon mari

Le 8 juillet 1972, René et moi étions unis par les liens sacrés du mariage à la mairie de N'Djamena, et le 10 juillet devant le peuple de Dieu à l'Assemblée Chrétienne, Avenue Mobutu (ACAM). Deux jours après, nous avions commencé à étudier tout le livre de Proverbes. C'était pour moi la première lecture, mais je réalisai que ce livre faisait réellement ressortir les trésors de la femme vertueuse. Je compris alors que mon mari voulait faire de moi cette femme de qualité.

Pendant tout notre parcours, mon mari m'encourageait beaucoup à la lecture de la Parole de Dieu. C'est ainsi que nous avions instauré la lecture de la Parole de Dieu dans notre famille chaque soir avant le coucher. Une des phrases qui accompagnait son désir de me voir lire la Bible est : *Je suis entré dans le train tout seul et tu es venue me rejoindre pour continuer ensemble ; les enfants viendront trouver le train en marche et celui qui le veut entrera aussi.*

De nature, je suis une femme qui aime le chant, mais mon mari me poussait plutôt à la lecture de la Bible. Pour lui, la louange pouvait venir après la lecture de la Parole divine. Il m'a vivement encouragé à m'inscrire au Centre de Formation Biblique (CFB), et je l'ai fait. Il était toujours prêt à m'apporter de l'aide quand j'avais besoin de comprendre quelque chose. C'est grâce à lui que je suis ce que je suis aujourd'hui.

Il fut de tout temps un homme entièrement consacré à l'œuvre du Seigneur, mais il me soutenait et me conseillait beaucoup. Ses nombreux voyages inhérents au ministère ne l'ont jamais empêché d'être pour moi un véritable époux, un fidèle compagnon. Dieu nous a bénis avec dix enfants, dont deux garçons et huit filles ; et dans sa souveraineté il a repris un garçon.

En tant que mari, René m'enseignait à développer la valeur de la mère au foyer, parce qu'il me faisait consacrer le plus clair de mon temps à la gestion de presque toutes les affaires familiales et ménagères. Aussi approvisionnait-il constamment mon vase d'honneur. En outre, personne n'avait le droit de me manquer de respect tant qu'il était là. Il était un *protecteur.*

Trois priorités figuraient dans le centre du maintien de sa famille, à savoir :

- L'éducation : aucun des nos enfants ne devrait rester à la maison sous prétexte qu'il n'y a pas d'argent pour l'inscrire à l'école. Car disait-il : *Mon père, combien analphabète, m'a envoyé à l'école.*
- La maladie : on ne devrait jamais laisser un de nos enfants souffrir à la maison sous prétexte qu'il n'y a pas d'argent pour le soigner.

- La nourriture : tous ceux qui viennent à la maison devraient manger à leur faim. La qualité pouvait manquer mais il devrait avoir suffisamment de la nourriture dans sa maison.

Aujourd'hui, je peux le confirmer, Dieu dans sa grâce ne nous a jamais abandonnés, et nous avons toujours été au bénéfice de sa providence par rapport à ces trois priorités, voire même au-delà.

Cependant, pour mon mari, en dépit de ces trois priorités, tout ce qu'on pouvait avoir comme argent devrait premièrement être pour le service de Dieu. Par exemple, il était capable de dire qu'il n'y a pas d'argent à un de nos enfants qui viendrait lui en faire la demande. Mais quelques minutes plus tard, un *évangéliste* qui passerait à son tour était servi immédiatement...

Je me suis amusée à compter combien de temps nous avions le plus mis ensemble, et la conclusion que j'ai tirée est la suivante : Sur cinq années d'affilée, la première, mon mari ne pouvait nous consacrer que trois mois, l'année suivante, cinq mois, puis sept mois, etc. Bref, j'ai réalisé qu'il consacrait beaucoup de son temps à l'œuvre de Dieu, que ce soit à l'extérieur ou à l'intérieur du pays. Mais cela ne l'empêcha en rien de jouer pleinement son rôle de mari et de père.

Finalement, des trois dernières années, Dieu dans sa souveraineté a décidé de prendre mille jours pour nous rapprocher l'un de l'autre, après 42 ans de vie conjugale, même si c'était dans la souffrance[47]. Mon mari, papa René a achevé sa course. Je me soumets à la volonté de Dieu et je m'en réjouis, par sa grâce toute suffisante.

René, mon père

René était pour nous un père exemplaire, mais il était en même temps notre conseiller, notre instructeur et notre éducateur. Il était notre père mais aussi notre pasteur. De lui, cette phrase revenait souvent lorsque nous étions en culte familiale : *Je ne saurais vivre la vie chrétienne à votre*

---

[47] Selon toute vraisemblance, René fit au préalable un accident vasculaire cérébral (AVC) transitoire en novembre 2010. Or il reprit sans délai son rythme de travail intense sans un suivi conséquent. Une année plus tard, en novembre 2011, son corps se lâcha par suite d'un nouvel AVC véritable qui fut fatal. C'était une désagréable surprise !

place, mon devoir c'est de vous l'enseigner... Parfois, il ajoutait : *Le jour où vous me verrez en train d'aller me saouler, je vous encouragerai tous de faire la même chose, mais tant que vous ne me voyez jamais dans ces choses-là, je ne les permettrai jamais.*

Comme lorsqu'un pasteur enseigne la Parole de Dieu, ce ne sont pas toutes les âmes qui viennent à Dieu, de même certains enfants n'ont pas su s'approprier ces paroles sages de papa René, mais son principe et son zèle d'annoncer la Bonne Nouvelle ne changea pas.

Il était notre père mais aussi notre grand frère, à la limite, car il ne manquait pas de plaisanter avec nous. Il avait toujours le sens de l'humour et ne manquait jamais d'histoires pour illustrer une causerie quelconque.

Papa René était, certes, rigoureux quelquefois, mais alors, tout châtiment qu'il nous infligeait l'était par amour. Ayant dix enfants à éduquer en plus d'être au service de Dieu, papa savait en prendre la mesure et en être à la hauteur.

Papa René était vraiment spécial. Il nous est déjà arrivé de dire qu'il était un grand homme, mais il ne se faisait pas remarquer ; cela découlait de son humilité, principale caractéristique de son identité. S'il fallait faire un résumé des critères sur lesquels reposait sa personnalité, je m'en tiendrais à quatre : l'humilité, le respect, l'amour, la patience.

Les témoignages que l'on rend de René fusent de toutes parts –du Tchad comme d'ailleurs. On aura du mal à les recueillir tous. Cela prendra beaucoup de temps, mobilisera beaucoup d'énergie et la publication dépassera certainement le présent cadre. Mais à la suite de madame et d'une des enfants Daïdanso, un des enfants dans la foi donne tout de même comme un coup de projecteur sur ses affinités avec l'Union des Jeunes Chrétiens (UJC).

René, des affinités avec l'UJC

Non seulement René a des affinités avec l'UJC du Tchad, mais il était l'un des fondateurs de ce mouvement qui a pour vocation, de former des jeunes à être des hommes intègres dans l'Eglise et la société. On se rend compte, que c'est le Dieu de la création, qui a aplani devant ses enfants, le chemin de la création de l'UJC.

Pour expliquer le contexte de la création de l'UJC, René disait : *Nous avions constaté qu'au début de l'année scolaire, les jeunes qui font leur entrée en 6ème s'accrochaient à nous, pour ne pas subir la brimade qui faisait rage à cette époque ; mais cette période passée, ces jeunes de la 6ème se retiraient de nous ; et nous avions pensé qu'il fallait créer ce cadre, pour garder les liens, et surtout, pour maintenir notre foi dans le Seigneur.* Il s'agit là d'une vision communiquée par le Seigneur, et aujourd'hui, le résultat n'est plus à démontrer, car l'UJC a servi de cadre de préparation des serviteurs de Dieu hautement qualifiés, des cadres incomparables dans l'administration nationale, et des leaders remarquables des Groupes Bibliques Universitaires (GBU) en Afrique et dans le monde. Tout cela conduit à faire un bref aperçu du souvenir de la formation tous azimuts des jeunes.

On retient beaucoup de souvenirs relatifs à la formation des jeunes par René au sein de l'UJC, à travers des camps de formation, des séminaires, des retraites spirituelles, etc. Et beaucoup de ces jeunes ont reçu leur appel (ou vocation) lors de ces formations. On peut citer l'exemple de Barka Kamnadj, alors un des responsables des Groupes Bibliques Universitaires d'Afrique Francophone (GBUAF), qui a témoigné que c'était lors du 8ème camp national organisé par l'UJC en 1976, et dont René était l'orateur principal, qu'il avait reçu l'appel à servir le Seigneur.

Il faut noter aussi que lors de ces formations, René présentait ses exposés avec force et conviction, mais aussi et surtout avec beaucoup de clarté, en faisant usage d'une méthodologie appliquée, et des exemples pratiques permettant une meilleure compréhension des participants. Par exemple, lors du congrès du Groupe Biblique des Elèves et Etudiants du Cameroun (GBEEC), tenu à Ngaoundéré en 1994, René enseignait sur un thème relatif au changement. Le premier jour de son enseignement, les activités du congrès ont continué jusqu'à 22h, et certains congressistes ont eu des entretiens avec lui jusqu'à 23h. Après ces entretiens, il s'était arrangé à aller se faire coiffer. Le matin à 8h, à la reprise des travaux, on a constaté que René s'était coiffé ; il était devenu très frais, très jeune et tout le monde disait que René a changé. Pendant que les gens réagissaient, il n'a pas parlé. Mais lorsqu'il a commencé son enseignement, il a utilisé cela comme une illustration en disant : *Lorsque vous parlez de changement, il faut que cela se constate et que les gens en parlent. Mais si ce n'est pas le cas, vous êtes loin du changement. Ce matin, tout le monde a réagi par rapport à ma coiffure. C'est cela le changement.*

On comprend pourquoi il y a tout une dynamique propre à de telles rencontres.

Lors de ces rencontres nationales ou internationales, René démontrait une attitude de simplicité, en se mettant à la disposition des jeunes pour des contacts individuels. Ainsi, il ne se lassait pas d'écouter ceux qui venaient le rencontrer, en restant à leur disposition jusqu'à des heures tardives. Cette manière de faire a impacté très profondément les jeunes qui s'identifient de plus en plus à cet homme de Dieu.

René a aussi certaines assertions qu'il a l'habitude d'utiliser et qui donnent quand même des leçons pour les jeunes ; par exemple :

- Parlant du travail à faire, il disait : *La nuit, c'est le jour sans soleil.* Donc, si on a un travail à faire, il ne faut pas tenir compte du temps.
- Parlant de la patience, et lorsqu'il voulait vous demander de l'attendre, il disait : *Vous m'attendez, et j'arrive, mais sachez que quelqu'un m'a dit qu'il vient bientôt, et je l'attends depuis plus de deux mille ans*, faisant ainsi allusion à Jésus Christ.

A mon avis, René était une des icônes de l'UJC, des Groupes Bibliques Universitaires d'Afrique Francophone (GBUAF) et de l'International Fellowship of Evangelical Students (IFES[48]), car il a su imprimer ses marques en et sur nous. Alors imitons ce modèle de serviteur intègre, travailleur et visionnaire, puis *poursuivons l'œuvre bénie, avec zèle, amour et foi.*

Daïdanso Maigom Martine
Ancienne Présidente de l'Organisation des Femmes Chrétiennes de l'Entente (OFCE), 2006-2013

Daïdanso Badango, épouse Moukadode
Gestionnaire de formation

Gadnodji Prosper
Avocat à la cour
Secrétaire Général de l'UJC (2009-2014)

[48] En français, UIGBU : Union Internationale des Groupes Bibliques Universitaires.

CONCLUSION

Je me souviens que le 11 septembre 2001, la nébuleuse Al Qaida frappa en plein cœur de l'économie mondiale, à New York, aux États-Unis d'Amérique. Les deux tours jumelles partirent en fumée l'une après l'autre. Cette tragédie de l'histoire contemporaine me rappelle le titre d'un roman du prix Nobel de la paix, le Nigérian Wolé Soyinka : *Things Fall Apart*[49].

S'il est vrai que les jours qui passent ne se ressemblent pas, il est aussi vrai que certains événements qui ont lieu sur notre planète se rapprochent étrangement. Un baobab venait de tomber après l'autre, une véritable et gigantesque bibliothèque noire venait de brûler après l'autre. Encore une fois, une autre voix prophétique d'Afrique continentale en général et du Tchad en particulier, s'était éteinte, définitivement. Le patriarche s'en était allé. Le Révérend pasteur René Daïdanso Ma Djongwé n'est plus. On ne l'entendra plus du haut de quelque chaire que ce soit.

Ce fut dans une complicité qui ne disait pas son nom que la nature s'employa à en donner l'écho, à marquer l'événement. Ce jour-là, une forte pluie s'abattit sur N'Djamena, accompagnée d'un vent violent, aux rafales prémonitoires, et à une vitesse de 1000 à 1500 km/h. On se croirait au moment où Jésus mourrait sur la croix. Selon les Écritures, *il était déjà la sixième heure environ, et il y eut des ténèbres sur toute la terre, jusqu'à la neuvième heure. Le soleil s'obscurcit, et le voile du temple se déchira par le milieu* (Luc 23.44-45 ; La Colombe)... *La terre trembla, les rochers se fendirent, les tombeaux s'ouvrirent, et les corps de plusieurs saints qui étaient décédés ressuscitèrent* (Mat. 27.51-52 ; La Colombe).

Dans ce monde en perte de vitesse, on dit que la vie est comme un voyage : la naissance c'est le départ, la mort c'est l'arrivée... Or on revenait d'un voyage, notamment de Bangui.

---

[49] Le monde s'effondre.

Revenant de Bangui

Sur le chemin de retour de Bangui où nous prenions une part active aux obsèques du Dr Isaac Zokoué, pratiquement considéré comme étant, à la limite du jumeau, le cadet direct du Révérend Pasteur René Daïdanso Ma Djongwé, l'autre cadet, le Dr Abel Ndjerareou et deux de leurs enfants, le Dr Abel Ngarsoulédé et moi apprenions la nouvelle. C'était à l'aéroport international de Douala, dans l'appareil de la compagnie panafricaine Asky, au vol KP 038 en provenance de Lomé, qui attendait des heures durant l'autorisation de N'Djamena pour décoller, eu égard au mauvais temps qui avait lieu dans le ciel endeuillé de la capitale tchadienne.

L'heure était grave à ce moment-là. Et comme si cela ne suffisait pas, en ce jour fatidique du 27 septembre 2014, jour d'atmosphère à la fois lourde et humide, le fameux vol KP 038 fut ajourné. Le ciel de N'Djamena, pour ne pas dire du Tchad, dont les vannes avaient complètement lâchées ne pouvait favoriser le vol. Il a fallu aux passagers de prendre leur mal en patience et d'attendre jusqu'au lendemain pour joindre N'Djamena…

De sa chambre d'hôtel à Douala, le Dr Abel Ndjerareou fit retentir la nouvelle en écho. Ainsi en faisait-il une large diffusion : *Zokoué et Daïdanso nous ont devancés. Bien aimés frères et sœurs dans la foi en notre Seigneur Jésus-Christ. Je vous salue de Douala où j'étais arrivé en transit pour N'Djamena. Oui, je viens d'assister à la descente dans la tombe du corps inerte d'Isaac Zokoué, mon ami, frère dans la foi, collègue et compagnon de ministère depuis 1971 où nous nous sommes rencontrés pour la première fois à Vaux sur Seine en France. J'ai eu le privilège et la responsabilité de donner un message d'espérance sur la Résurrection, en présence du Premier ministre avec ses ministres et les nombreux pasteurs et les communautés chrétiennes, et autres personnalités civiles. Un message d'encouragement et d'interpellation en fait, articulé autour du verset 58 de 1 Corinthiens 15 : « Soyez fermes et inébranlables, travaillant de mieux en mieux… » ; un message que je pense, approprié pour la société centrafricaine parmi laquelle Isaac a consacré une grande partie de sa vie ces dernières années, pour une « résurrection » à la fois spirituelle, sociale et politique, ayant présidé plusieurs fois au dialogue national… J'ai été proche de Daïdanso et d'Isaac qui m'ont encadré. Mais leur amour pour chacun de nous tous est à la hauteur des relations développées au cours des années... C'est pendant que je repassais toutes ces choses dans ma pensée et dans la prière, en transit à Douala, que je reçois la nouvelle du décès du pasteur Daïdanso !!! Le comble !!! Je repasse rapidement dans mon cœur une des paroles de Daïdanso devant n'importe quelle situation : « Si Dieu comprend cela nous suffit ». C'est cette parole que je lui ai dite quand j'étais allé lui annoncer le décès d'Isaac pour le consoler et avant de m'envoler pour Bangui. C'est ma réaction sur le vif, en attendant d'arriver au Tchad...« Poussez vers l'Éternel des cris joie, vous tous habitants de la terre. Servez l'Éternel avec joie, venez avec allégresse en sa présence ». C'est le chant que Daïdanso nous a enseigné au Congrès de l'Union des Jeunes Chrétiens (UJC), tenu à Pala en 1969, où je l'ai rencontré pour la première fois...*

Dans l'éternité, la prochaine fois

En effet, Dieu nous donna Isaac, né en 1944, sur la terre des hommes, en septembre 1944, c'est-à-dire à la même année que son grand frère René qui vit le jour le 15 mars. Le petit frère fit une partie de ses études à N'Djamena au Tchad, où il rencontra le grand frère qui, à l'époque, était déjà un dirigeant remarquable de l'UJC du Tchad, en tant qu'un des quatre fondateurs. Après ses études secondaires, le petit frère partit à Vaux-sur-Seine, comme à la suite du grand frère pour y effectuer aussi des études théologiques. Mais avant de partir en France, le grand frère était envoyé par l'État tchadien à l'université de Dakar pour des études en Lettres Classiques. C'était là, qu'avec le Révérend pasteur Moïse Napon du Burkina Faso, alors étudiant comme lui, ils travaillèrent à la création du tout premier Groupe Biblique Universitaire (GBU).

René avait marqué de ses empreintes l'histoire des Groupes Bibliques Universitaires d'Afrique Francophone (GBUAF). Son ombre planait et continuera de planer sur ce ministère étudiant. Il avait même été pendant longtemps un des membres du Comité Exécutif de l'organe mondial, l'International Fellowship of Evangelical Students (IFES). On peut bien comprendre pourquoi, le Dr Solomon Andria à qui Isaac a passé le témoin comme deuxième Secrétaire Général africain des GBUAF[50], nous entraîna à sa suite depuis Madagascar dans un sourire en larmes : *Humour et souveraineté* (*Cf.* Introduction).

Entre temps, l'actuel Secrétaire Régional des GBUAF, le quatrième africain à jouer ce rôle, j'ai nommé le pasteur Augustin Cossi Ahoga, de la Thaïlande où il était en réunion avec d'autres responsables au sein de l'IFES, comme le Dr Daniel K. Bourdanné[51] et le Dr Klaïngar Ngarial, répandit la nouvelle comme une traînée de poudre : ... *L'Afrique évangélique vient encore de perdre l'un de ses plus grands serviteurs, le Révérend papa Réné Daïdanso ... Toute la famille chrétienne est en deuil. Seulement nous avons l'espérance que nous allons les revoir au grand jour fixé par Dieu. Que Dieu nous accorde la grâce de faire fructifier le dépôt que Dieu leur a donné de nous transmettre, afin que d'autres prolongent la chaîne...*

... La première fois que je devrais prendre l'avion, c'est papa Daïdanso qui va me montrer comment on met la ceinture, mais je ne le connaissais jusque-là. Nous étions en partance pour le 7ème congrès triennal des GBUAF à Kinshasa, en 1984. C'est à ce congrès que par son message, je vais confesser publiquement mon appel à servir Dieu. Papa Daïdanso a été un instrument puissant dans la main de Dieu...

Instrument de Dieu à différents niveaux

Comme on peut se l'imaginer, le monde des GBUAF était en émoi. Le ministère étudiant, durement éprouvé, fit recours à son histoire dans les larmes, mais non sans espérance. Ann Maouyo, alors jeune missionnaire américaine, qui a été la première Secrétaire Itinérante chargée de l'étude biblique aux GBUAF, l'attesta de Baltimore, aux États-Unis

---

[50] Le tout premier Secrétaire Régional des GBUAF était le pasteur Alastair M. Kennedy, un Européen de nationalité écossaise. Il prépara le chemin et aplanit les sentiers des Africains. Alors le moment venu, il passa le témoin au Dr Isaac Zokoué de nationalité centrafricaine, le premier Africain à assumer cette charge. Mais ces deux patriarches ne sont plus. Le deuxième Africain, le Dr Solomon Andria est de nationalité malgache ; le troisième, le Dr Daniel K. Bourdanné est de nationalité tchadienne ; et le quatrième qui est en exercice est le pasteur Augustin C. Ahoga de nationalité béninoise.

[51] Secrétaire Général d'*International Fellowship of Evangelical Students* (IFES), en français : Union Internationale des Groupes Bibliques Universitaires (UIGBU). Il est à la fois le premier Tchadien et le premier Africain francophone à jouer ce rôle autour du monde.

d'Amérique : *Je pense que c'est à nous tous, aînés de la jeune génération, d'apporter chacun sa pierre pour construire le monument du pasteur Daïdanso. Je sais que bien avant moi, le pasteur Daïdanso fut à l'origine de l'UJC du Tchad, probablement le premier de nos mouvements et celui qui a vu le jour spontanément, sur place, sans grand apport de l'étranger. Par la suite, dans les années 60 et 70, lorsque les ouvriers de l'IFES cherchaient à implanter des GBU dans les divers centres universitaires de l'Afrique francophone, c'était très souvent leur bonheur de trouver dans ces différentes universités, des étudiants tchadiens ayant milité dans l'UJC, qui devenaient des collaborateurs déjà formés, et des piliers des jeunes mouvements naissants. C'était déjà une retombée critique de l'initiative du pasteur Daïdanso.*

En plus de cet apport quelque peu indirect à nos mouvements, le pasteur Daïdanso était parmi les premiers Africains francophones, à faire des études théologiques de niveau supérieur, à la Faculté Evangélique de Vaux-sur-Seine. Sa formation théologique, jointe à sa grande passion évangélique, faisait de lui un orateur ou prédicateur très approprié pour les rencontres des GBU; c'est ainsi qu'il était parmi les orateurs au Congrès des GBUAF à Yaoundé, en 1978. C'est d'ailleurs là où j'ai rencontré pour la première fois le pasteur Daïdanso. L'année suivante, étant devenue Secrétaire Itinérante du mouvement camerounais, je suis allée à N'Djamena pour solliciter la participation des pasteurs Daïdanso et Ndjerareou à divers camps et congrès que nous envisagions au Cameroun. Le frère qui m'accompagnait et moi, nous avons été très bien reçus chez Daïdanso, nous avons rencontré des jeunes responsables de l'UJC sur place, et nous sommes partis satisfaits, ayant eu son accord et celui du pasteur Abel pour les rencontres que nous avions en vue.

Au cours des trois années qui ont suivi, le pasteur Daïdanso a participé à plusieurs de nos rencontres. Ses prédications ont amené certainement des dizaines, sinon des centaines d'élèves et étudiants du Cameroun à la repentance et au salut en Jésus-Christ. C'est de lui que j'ai appris quelque chose de la cure d'âme. Ses visites occasionnelles, lorsqu'il était de passage à Yaoundé, étaient aussi pour moi une source de stabilité et de perspective, dans une période de grande turbulence dans le monde évangélique au Cameroun. Si bien que, quand je m'apprêtais à passer le bâton du Secrétariat à un frère camerounais, le pasteur Jules Simo, je suis partie jusqu'à Doba, dans l'intérieur du Tchad, pour dire au revoir et merci au pasteur Daïdanso et à son épouse Martine.

Cependant, nos chemins allaient encore se croiser plus d'une fois. Etant devenue Secrétaire Itinérante des GBUAF basée a Lomé, je retrouvais encore des Tchadiens, anciens Ujécistes formés par le ministère du pasteur Daïdanso : entre autres, un certain Daniel Bourdanné, et Djikolngar Maouyo qui allait devenir mon époux. Nos itinéraires de ministère se croisaient ici et là : un long voyage par la route pour un séminaire de formation à l'intérieur de la Guinée-Conakry, une rencontre au siège des GBUAF, situé à Abidjan à ce moment-là. Je savais que d'autres serviteurs de Dieu au sein des GBUAF, comme Solomon Andria qui était alors le Secrétaire Régional, trouvaient aussi dans la personne du pasteur Daïdanso, un appui plein de sagesse et de conseils dans le ministère.

Le pasteur Daïdanso a été d'une grande et précieuse aide à nous qui sommes aujourd'hui des ainés. Nous qui avons été des jeunes serviteurs et servantes pleins d'incertitudes et même d'angoisses, et pour qui il a été vraiment un pilier de foi, de sagesse, et de force dans nos moments les plus durs, ainsi qu'un modèle à la fois pratique et théologique pour le ministère. On ne saurait assez dire sur ce qu'a été le pasteur Daïdanso pour les GBUAF… et dire que cela n'était que la périphérie, pour ainsi dire, de son ministère principal dans les églises du Tchad…

On ne saurait tout dire ni écrire

C'est vrai ! On ne parlera jamais assez du Révérend pasteur René Daïdanso Ma Djongwé, de ce vaillant héros tombé les armes à la main… Les Écritures déclarent : *Jésus a fait encore, en présence de ses disciples, beaucoup d'autres miracles qui ne sont pas écrits dans ce livre. Mais ceci est écrit afin que vous croyiez que Jésus est le Christ, le Fils de Dieu, et qu'en croyant, vous ayez la vie en son nom* (Jea. 20.30-31 ; La Colombe).

Je ne saurais comparer la vie de René à celle de Jésus, mais je comprends aisément pourquoi Djikolngar Maouyo donne à l'article qu'il lui consacre dans cet ouvrage, le titre : *Sur les traces de son Seigneur.* Par ailleurs, Monelmbaye Djimadoumadje Doumkel, de conclure dans le sien intitulé L'homme, *un motivateur influent : La vie de René demeure comme un livre ouvert. Certaines de ses pages nécessitent pour chacun, une adaptation à sa propre condition.* Mais encore faut-il dire avec l'apôtre Paul qu'e*n effet, nul de nous ne vit pour lui-même, et nul ne meurt pour lui-même. Car si nous vivons, nous vivons pour le Seigneur ; et si nous mourons, nous mourons pour le Seigneur. Soit que nous vivions, soit que nous mourions, nous sommes au Seigneur. Car Christ est mort et il est revenu à la vie pour être le Seigneur des morts et des vivants* (Rom. 14.7-9 ; La Colombe).

Barka Kamnadj
Ancien en charge de l'Assemblée Chrétienne, Avenue Mobutu (ACAM), N'Djamena
Consultant en étude biblique
Secrétaire Itinérant des GBUAF (1993-2013)

TABLE DES MATIÈRES

www.ingramcontent.com/pod-product-compliance
Ingram Content Group UK Ltd.
Pitfield, Milton Keynes, MK11 3LW, UK
UKHW021128260726
13994UKWH00001B/32